사랑

신정민 글 | 김경희 그림

머리말

'이 세상에 공부가 없다면 얼마나 좋을까?'
'내가 좋아하는 게임만 실컷 할 수 있다면…….'
 누구나 한 번쯤 이런 상상을 해 보았을 거예요. 하지만 1년 365일 날마다 즐겁고 신나는 일만 있다면 정말로 행복해질 수 있을까요? 갖고 싶은 것을 모두 가진다고 해서 마음까지 행복해지는 것은 절대로 아니랍니다.
 세상에서 제일 큰 집을 갖고 싶어하는 달팽이가 있었어요. 달팽이는 마침내 집을 크게 만드는 법을 알아 낸 다음, 알록달록 예쁜 색깔까지 칠해서 세상에서 제일 크고 멋진 집을 지었어요.
 그 후 세월이 흘러 달팽이가 살고 있던 양배추에는 더 이상 먹을 것이 없게 되었어요. 다른 곳으로 이사를 가야 했지만, 달팽이는 집이 너무 크고 무거워서 한 발자국도 움직일 수가 없었지요. 옆에 있던 꼬마 달팽이가 그걸 보고 말했답니다.
 "나는 작은 집을 지어야지. 그래서 언제든지 가고 싶은 곳으로 갈 거야."
 세상에서 제일 크고 멋진 집을 지은 달팽이는 결국 자기가 가진 것 때문에 모든 것을 잃고 말았지요.
 사람들은 누구나 행복해지길 바랍니다. 그래서 남보다 더 많이 갖기를 원하고, 남보다 높은 자리에 있기를 원하고, 남보다 앞서 가기를 원하지

요. 하지만 그건 진짜 행복에 비하면 아주 작은 즐거움에 지나지 않는답니다. 행복이라는 커다란 항아리에서 퍼올린 달콤하고 짭조름한 간장 한 종지일 뿐이지요. 왜냐 하면, 진짜 행복이란 바로 우리 마음 속에 있으니까요.

　자기가 가진 것을 남에게 베풀고 나누는 사람, 다른 이를 위해 자기를 낮추고, 뒤에서 힘이 되어 주고, 때때로 봉사하고 희생하는 사람……. 그런 사람들의 표정을 본 적이 있나요? 늘 마음 속에 행복이 넘쳐나서 입가에는 웃음이 떠나질 않는답니다.

　이 책 속에는 우리의 마음이 따뜻하고 행복해지는 열여덟 가지 이야기가 실려 있습니다. 아낌 없이 주는 나무가 잎으로 그늘을 주고, 열매로 배부름을 주고, 나중에는 제 몸을 다 바쳐 편리함을 주었듯이, 이 작은 책이 여러분 마음 속에 깃든 소중한 행복을 찾아 줄 수 있기를 바랍니다.

신정민

C O N T E N T S

제1장 >> 사랑

001 세상에서 가장 아름다운 그림 · 8
　생각 주머니 | 가족의 사랑 · 14

002 어미새와 새끼새 · 16
　생각 주머니 | 함께하기에 더 소중한 가족 · 22

003 형, 미안해 · 24
　생각 주머니 | 형제간의 사랑 · 30

004 늘 가까이 있는 것 · 32
　생각 주머니 | 가까이 있는 것의 소중함 · 38

005 바다와 푸른 물고기 · 40
　생각 주머니 | 외모보다는 마음 · 48

♥ 사랑실천 · 50

제2장 >> 배려

006 아주 특별한 과일 바구니 · 54
　생각 주머니 | 서로 믿는 마음 · 64

007 낡은 인형 · 66
　생각 주머니 | 추억과 반성 · 70

008 작은딸의 장학금 · 72
　생각 주머니 | 베푸는 사랑 · 76

009 아버지의 뜻 · 78
　생각 주머니 | 꿈을 향한 계획표 · 82

♥ 배려실천 · 84

차례

제3장 >> 친절

010 아빠는 교통 정리 중 · 88
　생각 주머니 | 최선을 다하는 사람들 · 96

011 작은 친절 · 98
　생각 주머니 | 솔선수범하는 마음 · 104

012 작은 관심 · 106
　생각 주머니 | 뜨거운 관심 · 112

013 조장 아저씨의 도시락 · 114
　생각 주머니 | 노력에게 주는 사랑의 상 · 120

014 세상에서 제일 맛있는 붕어빵 · 122
　생각 주머니 | 다른 사람을 위하는 마음 · 126

♥ **친절실천** · 128

제4장 >> 희생

015 고물장수 아저씨와 눈먼 소녀 · 132
　생각 주머니 | 마음의 눈으로 보기 · 140

016 누군가에게 좋은 일 · 142
　생각 주머니 | 베풀 줄 아는 마음 · 148

017 마음까지 달콤해지는 사탕 · 150
　생각 주머니 | 이웃을 위한 사랑 · 156

018 달걀 도둑 · 158
　생각 주머니 | 어머니의 사랑 · 164

♥ **희생실천** · 166

#1
사랑

001 세상에서 가장 아름다운 그림

생각 주머니 | 가족의 사랑

002 어미새와 새끼새

생각 주머니 | 함께하기에 더 소중한 가족

003 형, 미안해

생각 주머니 | 형제간의 사랑

004 늘 가까이 있는 것

생각 주머니 | 가까이 있는 것의 소중함

005 바다와 푸른 물고기

생각 주머니 | 외모보다는 마음

♥ 사랑실천

001

세상에서 가장 아름다운 그림

화가는 그림을 그리기 시작했습니다. 그리고 얼마 후에 세상에서 가장 아름다운 그림을 완성했습니다. 그 그림의 제목은 바로 '가족'이었습니다.

    화가는 며칠째 하얗게 빈 캔버스 앞에서 머리를 쥐어짜고 있었습니다.
  '아아, 무엇을 그려야 할까? 세상에서 가장 아름다운 그림을 그리고 싶은데…….'
  하지만 아무리 고민을 하고 또 고민해 봐도 마땅히 떠오르는 것이 없었습니다. 나중에는 저절로 입에서 끙끙 신음소리가 흘러나올 정도였지요. 마침내 화가는 결심했습니다.
  "그래, 떠나자!"
  화가는 자리를 박차고 일어났습니다. 그러고는 미술 도구를 챙겨 들고 집을 나섰습니다. 세상에서 가장 아름다운 것을 찾아 여행을 떠나기로 한 것입니다.
  어느 마을을 지나가던 화가는 기쁨으로 들떠 있는 여인과 청년을 만났습니다. 두 사람은 결혼을 약속한 사이라고 했습니다. 화가는 여인에게 물었습니다.
  "당신은 세상에서 가장 아름다운 것이 무엇이라고 생각합니까?"

그러자 여인은 잠시도 망설이지 않고 대답했습니다.

"그것은 사랑이지요."

여인은 결혼을 약속한 청년을 사랑스런 눈길로 바라보며 말했습니다.

"사랑은 가난한 사람을 부자로 만들고, 눈물나는 일도 달콤하게 만들지요. 사랑을 하면 모든 것이 다 아름답게 보이기 때문에, 사랑 없이는 아름다움도 없답니다."

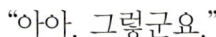

"아아, 그렇군요."
　화가는 여인의 말에 고개를 끄덕였습니다. 하지만 마음 한켠에는 왠지 사랑만으로는 무엇인가 부족하다는 생각이 들었습니다.
　화가는 또 다른 마을에 다다랐습니다. 이번에는 평화로운 얼굴에 늘 웃음을 띠고 있는 목사를 만났습니다. 화가가 똑같은 질문을 하자, 목사는 기도하듯 두 손을 모으며 말했습니다.
　"그것은 바로 믿음이지요. 하나님을 믿는 간절한 마음이야말로 세상에서 가장 아름다운 것이 아니겠습니까?"
　화가는 목사의 말에도 고개를 끄덕였습니다. 같은 종교를 지닌 사람으로서 믿음이란 무엇보다도 소중하고 아름답다는 생각이 들었습니다. 그러나 역시 그것만으로는 뭔가 부족한 것 같았습니다.
　화가는 이 세상 어딘가에 그보다 더 아름다운 무엇인가가 있을 것만 같았습니다. 화가는 다시 발길을 돌렸습니다. 어느 들길을 걸어가던 화가는 지친 모습으로 지나가는 한 병사를 만났습니다.
　"당신은 세상에서 가장 아름다운 것이 무엇이라고 생각합니까?"
　화가의 물음에 병사는 힘겹게 말했

습니다.

"그야 물론 평화이지요. 그리고 세상에서 가장 추악한 것은 바로 전쟁입니다."

병사의 말을 듣고 화가는 고개를 끄덕이며 곰곰이 생각해 보았습니다. 그러고는 나름대로 한 가지 결론을 내렸습니다.

"그래! 사랑과 믿음, 그리고 평화를 한데 모은다면 정말로 멋진 작품이 되겠는걸."

화가는 그 모든 것이 모인 그 어떤 것을 찾아다녔습니다. 그러나 오랜 세월 동안 세상을 떠돌아다녔음에도 화가는 한 장의 그림도 그릴 수가 없었습니다.

사랑과 믿음, 그리고 평화, 이 세 가지가 한데 어우러진, 이 세상에서 가장 완벽한 아름다움은 어디에서도 찾을 수가 없었던 것입니다. 이제 지칠 대로 지친 화가는 집 생각이 났습니다.

"그래, 일단 집으로 돌아가자. 가서 푹 쉬고 난 다음에 다시 찾아보는 거야."

해가 질 무렵 집에 도착한 화가는 똑똑 문을 두드렸습니다.

"누구세요?"

아이들의 목소리가 들려 왔습니다. 그러나 화가는 너무나도 지쳐 있어서 입을 뻥긋할 힘도 없었습니다. 다음 순간, 문을 연 아이들은 화가를 보고 팔짝팔짝 뛰며 소리를 질렀습니다.

"와아, 아빠다! 아빠가 돌아오셨다."

아이들은 오랜만에 만난 아버지를 부둥켜안고 얼굴을 비비며 기뻐했습니다. 화가의 아내도 반가운 미소로 남편을 맞이했습니다.

그 동안 쌓인 피로를 풀기 위해 아내가 받아 놓은 따뜻한 물에 몸을 담그고 나오자, 식탁에는 어느 새 정성스럽게 준비한 저녁이 차려져 있었습니다.

"많이 시장하시죠? 어서 이리 와 앉아 식사하세요."

화가는 아내와 아이들과 함께 식탁에 둘러앉았습니다. 화가는 그제야 비로소 깨달았습니다. 아이들의 눈 속에서는 아버지에 대한 믿음을, 아내의 눈 속에서는 한없는 사랑을, 그리고 이렇듯 사랑과 믿음으로 이루어진 가정에는 평화가 깃들어 있음을…….

화가는 그림을 그리기 시작했습니다. 그리고 얼마 후에 세상에서 가장 아름다운 그림을 완성했습니다. 그 그림의 제목은 바로 '가족'이었습니다.

생 / 각 / 주 / 머 / 니

가족의 사랑

천국과 같은 멋진 곳을 여행한다 해도, 그 누가 아무리 훌륭한 대접을 해 준다 해도 '내 집'만큼 편안할 수 있을까요? 그런 곳이 또 있을 수 있을까요?

'내 집'이 그토록 편안한 까닭은 그 곳에는 가족이 있고, 무엇과도 바꿀 수 없는 소중한 사랑이 있기 때문입니다.

〈어린 왕자〉를 쓴 작가 생 텍쥐페리는 비행기 조종사였습니다.

한 번은 그가 비행기를 몰고 하늘을 날아가다 난기류를 만났습니다. 자칫하면 추락할지도 모르기 때문에 그는 할 수 없이 가까운 곳에 불시착을 했습니다. 그런데 그 곳은 하필 모래로 뒤덮인 사막이었습니다.

그는 식량도 없고 물도 없는 그 곳에서 구조를 기다리며 며칠 동안을 지내야 했습니다. 낮 동안은 내리쬐는 사막의 뜨거운 햇볕에 금방이라도 살이 타 버릴 것만 같았고, 밤이 되면 끔찍한 추위와 싸워야 했습니다.

다행히도 그는 며칠 만에 기적적으로 구조될 수 있었습니다.
그가 살아 돌아오자 기자들이 물었습니다.
"어떻게 그 험한 사막에서 살아남을 수 있었습니까?"
그러자 그는 대답했습니다.
"가족들을 생각하며 버틸 수 있었습니다. 나를 기다리는 가족들이 없었다면, 아마 단 하루도 견딜 수 없었겠지요."
이처럼 가족은 언제 어디서나 나를 지켜 주는 든든한 힘이 된답니다.

어미새와 새끼새

엄마까치는 몇 시간이 지나도록 자기 새끼가 있는 개집 옆의 나무 위에서 떠날 줄 몰랐습니다. 새끼까치도 엄마까치가 온 걸 알고 있는 듯 계속해서 울어 댔습니다.

여름 방학입니다. 영호는 아버지를 따라 시골 할머니 댁에 놀러 갔습니다. 영호는 아버지와 함께 뒷동산에도 가고, 풀밭과 흙길을 맘껏 뛰어다니며 신나게 놀았습니다.

냇가에 가서 물고기를 잡거나 헤엄을 치는 것도 너무나 즐거웠습니다. 어딜 가나 콘크리트뿐인 서울에 비하면, 시골은 그야말로 온 동네가 놀이터였습니다.

호기심이 많은 영호는 이곳 저곳 돌아다니며 살피기를 좋아했습니다. 그러다가 하루는 아버지께서 밭일을 도우시는 사이, 영호 혼자 뒷산에 올라가 보았습니다. 그 곳에선 마을 전체가 한눈에 내려다보였습니다. 저 아래로 밭일을 하시는 아버지와 동네 어른들도 보였습니다.

한참 동안 뒷산에서 놀던 영호가 이제 그만 집으로 돌아가려 할 때였습니다.

"삣 삣 삣 삣……."

어디선가 새의 울음소리가 들려 왔습니다. 영호가 나무들 사이로 허리를 숙여 살펴보니, 새끼까치 한 마리가

나무 밑에 앉아 힘없이 뻣뻣 울고 있는 것이었습니다.

저 나무 꼭대기에는 까치 둥지가 있는데, 아마도 엄마까치가 먹이를 구하러 간 사이에 아래로 떨어진 모양입니다.

"히히힛, 잘됐다. 내가 키워야지."

영호는 새끼까치를 품에 안고는 신이 나서 집으로 돌아왔습니다.

"아빠, 제가 이거 잡았는데 키워도 되지요?"

마침 마당에는 커다란 나무 한 그루가 있고, 그 바로 밑동에는 비어 있는 개집 하나가 있었습니다. 영호는 개집 안에 새끼까치를 집어넣었습니다. 그러고는 혹시나 훌쩍 날아가 버릴까 봐 끈으로 다리를 묶은 다음 개집에 매어 놓았습니다.

"영호야, 엄마까치가 새끼까치를 찾지 않을까? 그냥 산에 갖다 놓아 주면 좋겠는데……."

할머니도 아버지도 이렇게 말씀하셨습니다. 하지만 영호는 고개를 저었습니다. 애완 동물을 키워 본 적이 없는 영호는 자기가 새끼까치를 데리고 있다는 것만으로도 즐거웠습니다. 그래서 막무가내로 키워 보겠다고 고집을 부렸지요.

영호는 새끼까치가 배고플까 봐 쌀을 조금 가져다 주었습니다. 하지만 새끼까치는 한 톨도 먹지 않고, 마냥 뺏뺏거리며 울어 대기만 했습니다.

"흥, 배고프면 알아서 먹겠지 뭐."

그런데 한참 후에 나무 꼭대기에서 까치 한 마리가 울기 시작했습니다. 엄마까치가 새끼까치를 찾으러 날아온 것임에 틀림없었습니다.

엄마까치는 몇 시간이 지나도록 자기 새끼가 있는 개집 옆의 나무 위에서 떠날 줄을 몰랐습니다. 새끼까치도 엄마까치가 온 걸 알고 있는 듯 계속해서 울어 댔습니다.

영호는 새끼를 찾는 엄마까치의 울음소리를 들으니 불쌍한 생각

이 들었습니다. 하지만 모처럼 잡은 새인데 이대로 그냥 놓아 주고 싶지 않았습니다.

다음 날 아침 일찍, 영호는 새끼까치에게 줄 먹이를 구하러 뒷동산으로 올라갔습니다.

'아마도 까치는 쌀 같은 것보다는 벌레를 좋아하나 봐.'

영호는 바지가 이슬에 흠뻑 젖도록 풀숲을 돌아다니며 겨우겨우 메뚜기 몇 마리를 잡았습니다. 그러고는 기쁜 마음에 부랴부랴 새끼까치가 있는 곳으로 달려왔습니다.

"자, 내가 잡은 거야. 맛있게 먹어."

그런데 자세히 보니 새끼까치를 매어 둔 개집 주변에 죽은 메뚜기와 거미 몇 마리가 놓여 있었습니다.

"어? 아빠가 먹이를 잡아다 주셨어요?"

영호가 눈을 동그랗게 뜨고 묻자 아버지는 고개를 저으셨습니다.

"아니."

"이상하다. 그럼 누가……."

영호는 그 날 하루 종일 숨어서 새끼까치가 있는 개집을 지켜보았습니다. 도대체 아버지도 아니라면 누가 먹이를 가져다 주었는지 궁금했기 때문입니다.

한낮이 되어 해가 하늘 한가운데 걸렸을 때입니다. 어제 나무 위에 날아와 울던 바로 그 엄마까치가, 먹이를 물어다 새끼까치가 있는 개집 속에 넣어 주는 것이었습니다.

"아, 그랬구나!"

영호는 그 때 깨달았습니다. 자기가 아무리 잘해 준다고 해도 엄마까치보다 새끼까치를 더 잘 키울 수는 없다는 것을요. 영호도 엄마 아빠와 함께 사는 것처럼 새끼까치도 엄마까치와 함께 살아야 한다는 것을요.

영호는 얼른 다리를 묶었던 끈을 풀어 주고 새끼까치를 뒷동산으로 안고 갔습니다. 그러고는 처음 있던 자리에 고이 내려놓으며 말했습니다.

"새끼까치야, 어서 엄마한테 가. 가서 건강하게 잘 자라야 해."

새끼까치도 자기 집에 온 줄 아는지 삐요삐요 반가운 목소리로 울어 댔습니다.

생 / 각 / 주 / 머 / 니

함께하기에 더 소중한 가족

 이 세상에 '어머니'를 대신할 수 있는 것이 있을까요?

어머니는 나를 가장 잘 알고, 그 누구보다도 나를 사랑해 주시는 분입니다. 반대로 어머니에게도 역시 '나'를 대신할 수 있는 것은 없습니다.

그렇기 때문에 어머니는 나에게, 나는 어머니에게 둘도 없이 소중한 존재입니다.

물론 아버지 역시 마찬가지입니다. 비록 일 때문에 어머니보다는 함께 있는 시간이 적은 경우가 많지만, 우리에게 아낌없는 사랑과 관심을 보내는 것은 한결같습니다.

눈코 뜰 새 없이 바쁜 아버지가 있었습니다. 일요일이면 하루 종일 거실에 누워 한 주일의 피로를 풀고는 했습니다.

어느 날 아버지는 모처럼 아이들과 함께 공원으로 나들이를 갔답니다. 아내와 아이들이 하도 떼를 쓰는 바람에요.

그 날 밤, 아버지는 아이들의 일기장을 보게 되었습니다.

'아빠와 하루 종일 공원에서 놀았다. 오늘은 세상에서 가장 기쁘고 행복한 날이었다.'

아버지도 아이들의 일기를 보며 함께할 수 있는 가족이 있다는 것이 얼마나 행복한 것인지 새삼 깨닫고 아이들에게 미안한 마음이 들었습니다.

가족과 함께 있을 수 있는 것만으로도 우리는 큰 행복을 누리고 있는 것이랍니다.

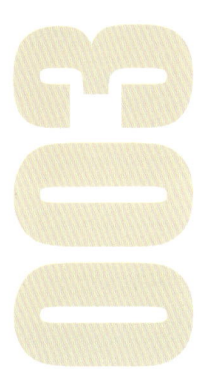

 형, 미안해

형은 태어날 때부터 정신 장애를 가지고 있었습니다. 철민이는 그런 형이 너무나 부끄러웠습니다. 누가 형을 보기라도 할 땐 아예 형을 모르는 사람처럼 행동했습니다.

철민이는 학교에서 공부도 잘하고 운동도 잘하는 모범생입니다. 툭하면 글짓기 상이나, 우등상을 타 와서 어머니를 기쁘게 해 드리지요. 철민이는 자신이 자랑스러웠습니다.

하지만 딱 한 가지 숨기고 싶은 게 있는데, 그건 바로 형이었습니다. 형은 태어날 때부터 정신 장애를 가지고 있었습니다.

형은 늘 얼굴을 잔뜩 찌푸린 채 고개는 삐딱하고, 팔을 비척비척 휘젓는가 하면, 말할 때마다 남이 알아들을 수 없는 소리로 "으버버버, 으버버버!" 하고 울부짖었지요.

철민이는 그런 형이 너무나 부끄러웠습니다. 그래서 친구들 눈에 띄기라도 할까 봐 형을 피해 도망다녔고, 누가 형을 보기라도 할 땐 아예 형을 모르는 사람처럼 행동했습니다.

'에잇, 나한테 저런 형이 있다니……. 바보 같은 형만 없으면 얼마나 좋을까?'

철민이는 늘 그렇게 생각했습니다.

그러던 어느 날의 일입니다. 철민이는 수업이 끝난 뒤 친구 집으로 가서 신나게 놀았습니다. 그런데 시간 가는 줄 모르고 놀다 보니 어느 새 날이 어둑어둑해졌습니다.

"이걸 어쩌지? 얼른 집에 가야겠어."

친구와 헤어진 철민이는 조금이라도 빨리 집으로 가기 위해 지름길로 접어들었습니다. 지름길로 가면서도 마음 속은 조마조마했습니다. 가끔 깡패들이 나타나서 사람들의 돈을 빼앗는다는 이야기를 들은 적이 있었거든요.

'휴, 다행이다.'

이제 골목 하나만 돌아서면 집이 보일 것입니다. 철민이는 깡패들을 만나지 않은 걸 다행으로 생각하며 걸음을 더욱 서둘렀습니다.

그런데 막 골목을 돌아서려는 순간, 어둑어둑한 구석에서 열일곱 여덟 살쯤 되어 보이는 몇 명의 깡패들이 나타나 길을 막는 것이었습니다.

"후후후. 꼬마야, 돈 좀 가진 것 있으면 내놔 봐라."

잔뜩 겁을 먹은 철민이는 허둥지둥 몸을 뒤져서 동전 몇 개를 꺼냈습니다.

"이 꼬맹이가 지금 장난하나?"

"어서 더 내놓지 못해!"

"어, 어, 없어요. 돈 없단 말이에요."

철민이는 우물쭈물하다가 기회를 보아 깡패들을 뿌리치고 달아나려고 뛰었습니다. 그러나 금세 다시 붙잡히고 말았습니다.

화가 난 깡패들은 주먹을 번쩍 치켜들었습니다. 이제 철민이는

꼼짝없이 얻어맞게 되겠지요. 그런데 바로 그 때 어디선가 이상한 소리가 들려 왔습니다.
"으버버버……, 으버버버……!"

뒤를 돌아본 철민이는 깜짝 놀랐습니다. 팔도 다리도 제대로 가누지 못하는 형이 소리를 지르며 달려오고 있었으니까요. 형은 철민이가 걱정이 되어 마중 나왔다가, 골목 한쪽에서 실랑이하는 소리를 듣고 쫓아온 것입니다.

형은 철민이를 괴롭히던 깡패들을 향해 팔을 마구 휘두르며 달려들었습니다.

"으버버……, 으버버……!"

장애인 형의 어이없는 행동에 깡패들은 깔깔거리며 웃어 댔지만, 형은 철민이를 감싸며 도망가라는 손짓을 했습니다.

하지만 철민이는 도망갈 수 없었습니다. 아무리 창피하고 보기 싫었던 형이지만, 자신을 구하기 위해 달려왔는데 혼자 두고 도망갈 수는 없었지요.

결국 형과 철민이는 깡패들에게 실컷 두들겨 맞고 말았습니다. **흠씬 두들겨 맞는 순간에도 형은 철민이를 끌어안은 채 혼자서 모든 매를 맞았습니다.**

한참 후에야 동네 사람들이 나타났고, 깡패들은 순식간에 뿔뿔이 도망쳐 버렸습니다.

철민이는 겨우 몸을 털고 일어났지만, 형은 코피가 흐르고 군데군데 살이 터져서 상처 투성이가 되어 있었습니다. 게다가 팔까지 부러져서 결국에는 병원에 실려 가고 말았습니다.

철민이는 그제야 형이 자신을 얼마나 사랑하는지를 깨달았습니다.

'난 항상 형을 귀찮게만 여겼는데, 형은 나를 위해…….'

철민이는 그 동안 까닭 없이 형을 미워하고 부끄러워했던 것을 뼈저리게 후회하며 고개를 숙였습니다.

병상에 누워 있던 형은 마침 정신이 드는지 눈을 뜨고는 철민이를 바라보았습니다. 형은 이마에 붕대를 감은 얼굴로 철민이를 보며 씨익 미소를 지어 보였습니다. 그 모습을 보니 철민이의 눈에서는 저절로 눈물이 흘러내렸습니다.

철민이는 처음으로 뒤틀린 형의 손을 꼭 잡으며 말했습니다.

"형, 미안해. 내가 잘못했어……."

생 / 각 / 주 / 머 / 니

형제간의 사랑

여러분에게는 형이나 동생이 있나요? 그렇다면 일 주일에 몇 번이나 형이나 동생과 다투나요?

한 집안에서 함께 생활하다 보면 형제끼리 싸우는 것은 거의 매일 있는 일입니다. 엄마, 아빠도 옛날에 그렇게 자라났고, 아마 다른 친구들도 그럴 거예요.

형제는 가장 가까운 친구이기도 하지만, 한편으로는 가장 가까운 곳에 있는 경쟁자이기도 해요. 부모님의 사랑을 더 많이 받고 싶고, 다른 사람들로부터 더 인정받고 싶은 마음 때문에 경쟁심과 시기심이 생겨난답니다.

그러다 보면 때로는 이런 생각이 들기도 하지요.

'에잇, 저런 형 따윈 없어졌으면 좋겠어.'

'엄마는 왜 하필 저런 동생을 낳으셨을까?'

하지만 형과 동생은 다른 친구들과 달리 헤어질 수 있는 사이가 아닙니다. 같은 부모에게서 태어난 한 핏줄이기 때문에, 형제의 몸

과 마음 속에는 부모님의 사랑이 흐르고 있지요.

지금 가만히 형이나 동생의 얼굴을 들여다보세요. 신기하게도 나와 참 많이 닮아 있을 거예요. 꼭 생김새가 아니더라도 작은 습관이나 말투, 생각하는 방식 등이 세상 그 누구보다 나랑 비슷할 겁니다.

아마도 그 때문인지 형제끼리는 미워하면서도 금세 화해하고 사랑하게 되는 모양입니다. 비록 지금은 아옹다옹 다투고 싸울지 몰라도 이다음에 어른이 되면 형과 동생은 서로에게 더욱 큰 힘이 된답니다.

두고 보세요. 언젠가는 자신에게 형이나 동생이 있다는 것만으로도, 엄청난 행복을 느낄 수 있을 테니까요.

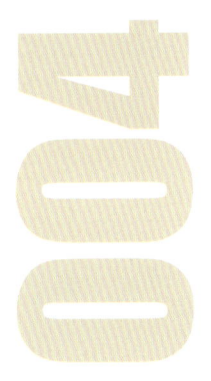

늘 가까이 있는 것

아저씨는 허리를 구부려 민들레를 살짝 쓰다듬어 주었습니다. 이제까지 눈코 뜰 새 없이 바쁘게 살아오느라, 가까운 곳에 이처럼 많은 즐거움이 있는 줄을 깨닫지 못했던 것입니다.

   임씨 아저씨는 우리 주변에서 얼마든지 볼 수 있는 평범한 어른입니다. 아침이면 회사에 가서 하루 종일 일을 하고, 저녁이면 집에 돌아와서 가족들과 오순도순 즐거운 시간을 보내지요.
   비록 부잣집에서 태어나지는 않았지만, 임씨 아저씨는 부지런히 일하고 저축도 하여 이만한 가정을 꾸리게 된 것입니다.
   그러나 아저씨의 하루하루는 참 고되기만 합니다.
   "휴, 이제 곧 큰아들은 대학에 들어가겠지? 딸아이는 몇 년 후면 시집을 가게 될 거야."
   그러자면 임씨 아저씨는 아직도 쉴새없이 돈을 벌어야 합니다. 더구나 친구들 중에는 벌써 큰 회사의 높은 자리에 오른 사람도 있고, 자기 사업을 벌여 사장으로 성공한 사람도 있었습니다. 그 친구들에게 뒤쳐지지 않기 위해서라도 임씨 아저씨는 더 열심히 일해야만 합니다.
   그러던 어느 날, 아저씨는 갑자기 심한 두통을 느꼈습니다. 하루 종일 머리가 깨질 듯 아픈 것이, 도저히 참을 수 없을 정도였습니다.
   '아아, 내가 너무 스트레스를 받았던 탓일까?'

아저씨는 약국에 가서 약을 지어 먹기도 했지만 아무 소용이 없었습니다. 결국 아저씨는 큰 병원에서 진찰을 받아 보았습니다.

여러 가지 검사 결과를 확인한 의사는 심각한 표정으로 말했습니다.

"음……, 아직 단정할 수는 없지만 머릿속에 혹이……."

의사의 말을 들은 아저씨는 가슴이 철렁 내려앉는 것만 같았습니다.

"아니, 그, 그럼 암이란 말입니까?"

"자세한 결과는 삼 일 후에 말씀드리겠지만 지금으로선……."

아저씨는 눈앞이 캄캄해졌습니다. 그리고 이제 살 날이 얼마 남지 않았다는 생각에 눈물이 핑 돌았습니다. 바로 얼마 전 회사 동료 한 명이 똑같은 증상을 보이다가 6개월 만에 세상을 떠나고 말았던 것입니다.

에써 담담한 마음으로 집에 돌아왔지만, 아저씨는 도저히 가족들을 마주할 용기가 나지 않았습니다. 몹쓸 병에 걸렸다고 말할 수도 없고, 그렇다고 모든 걸 숨기고 억지 웃음을 짓기도 어려웠습니다.

아저씨는 혼자 방 안에 앉아 그 동안 쓰다 만 일기장을 펼쳐 보기도

하고, 가족들과 함께 찍은 사진을 들여다보기도 하였습니다.

　머릿속엔 지난날의 일들이 영화 속 필름처럼 아련하게 스치고 지나갔습니다. 돌이켜 보니 임씨 아저씨는 지금까지 살아오면서 무엇 하나 제대로 해 놓은 것이 없다는 생각이 들었습니다.

　늘 즐거움보다는 괴로움이 많았고, 평안함보다는 불안했던 날들이 많았지요. 그리고 책꽂이에는 몇 쪽 읽다가 시간의 여유가 없다는 핑계로 나중에 읽으려고 쌓아 둔 책들이 수두룩했습니다. 무엇보다도 꼭 한 번 여행해 보아야겠다고 생각한 곳은 아직도 머릿속에 상상으로만 남아 있었습니다.

　그 밖에도 임씨 아저씨는 하고 싶었던 일, 해야 할 일들이 너무도 많았습니다. 그러나 겨우 6개월 남은 시간 동안 그 모든 것들을 다 해내기란 불가능한 일이겠지요.

　'아아, 내게 한 3년만 더 시간이 주어진다면……. 아니, 단 1년만이라도…….'

아저씨는 너무나 괴로워 하느님을 원망했습니다.

　'한번 멋지게 살아 보지도 못하고 이렇게 죽게 되다니! 하느님, 정말 너무하십니다. 왜 저에게는 이 세상의 행복을 단 한 번도 맛보게 하지 않으셨습니까?'

아저씨는 남몰래 눈물을 흘리며 베개를 적셔야 했습니다.

　사흘 뒤에 임씨 아저씨는 입원 준비를 해서 병원으로 갔습니다. 그런데 의사가 빙그레 웃으면서 이렇게 말하는 것이었습니다.

　"죄송한 말씀을 드려야겠군요. 며칠 전에는 제가 오진을 했습니다. 임 선생님의 엑스레이를 다시 한 번 자세히 검토해 보니, 그건 암세포가 아니었습니다. 흔히 볼 수 있는 작은 혹일 뿐 별 이상은 없습니다."

임씨 아저씨는 뛸 듯이 기뻤습니다. 병원이 떠내려가도록 환호성을 지르고 싶을 정도였지요. 병원을 나온 아저씨는 눈부신 햇살이 온통 자기만을 향해 쏟아지는 것 같았습니다.

그러다 문득 내려다본 발 밑의 블록 사이로 작은 민들레 한 송이가 꽃을 피우고 있는 게 보였습니다.

"오호, 여기 민들레가 있었구나. 하마터면 밟을 뻔했네!"

아저씨는 허리를 구부려 민들레를 살짝 쓰다듬어 주었습니다. 민들레는 마치 '고맙습니다.' 하고 인사를 하는 것만 같았습니다. 그러자 또 다른 꽃들도 여기저기서 아저씨를 향해 손짓하는 것이었습니다.

'저도 좀 봐 주세요!'

'저도요!'

아저씨는 그런 꽃들에게 손인사를 해 주었습니다. 길가에 늘어선 나무들과 살랑살랑 불어오는 훈훈한 봄바람, 하늘을 날아가는 새들과도 인사를 나누었습니다.

"그래, 너희들이 있었는데 나는 미처 모르고 지냈구나."

심지어 콧속으로 들어오는 신선한 공기에게도 아저씨는 고마움을 느꼈습니다.

그렇게 인사하는 동안 아저씨는 마음이 너무나 행복했습니다. 이

제까지 눈코 뜰 새 없이 바쁘게 살아 오느라, 가까운 곳에 이처럼 많은 즐거움이 있는 줄을 깨닫지 못했던 것입니다.

'아아, 이것이 바로 행복이었어! 나는 늘 행복 속에서 살아 왔던 거야.'

아저씨는 마치 새 세상을 얻은 듯 기뻤습니다. 아저씨는 아내와 아이들이 기다리고 있을 집을 향해 날아갈 듯한 발걸음으로 걸어갔습니다.

생 / 각 / 주 / 머 / 니

가까이 있는 것의 소중함

여러분도 주위를 한번 둘러보세요.
　가만히 살펴보면 정말로 소중한 것들은 바로 가까이에 있답니다. 우리가 늘 들이마시고 살면서도 공기의 소중함을 잊고 살듯이…….
　노먼 빈센트 빌이라는 유명한 저술가가 있습니다.
　그는 60년 동안 목사로 활동하면서 많은 사람들에게 희망과 용기를 불어넣어 주었지요.
　어느 날 한 남자가 빌 박사를 찾아왔습니다.
　"저는 이제 끝장입니다. 모든 것을 잃었습니다. 목숨을 걸고 해 왔던 사업이 망했거든요."
　남자는 너무나 절망하여 차라리 죽고 싶다고 했습니다. 그러자 빌 박사가 종이 한 장을 꺼내며 말했습니다.
　"모든 것을 잃었다고요? 그럼 남아 있는 것을 여기에 적어 봅시다."

"혹시 부인은 계십니까?"
"예, 착한 아내이지요."
"자녀들은 있습니까?"
"귀여운 세 아이가 있습니다."
"친구는요?"
"소중한 친구도 몇 명 있지요."
"당신의 건강은요?"
"아직은 건강한 편입니다."
"그러고 보니 당신에겐 아직 많은 것이 남아 있군요."
빌 박사의 말에 남자는 고개를 끄덕이며 미소를 지었습니다.
"정말 그렇군요. 잃은 것만 생각했지 가지고 있는 소중한 것들을 잊고 있었어요."

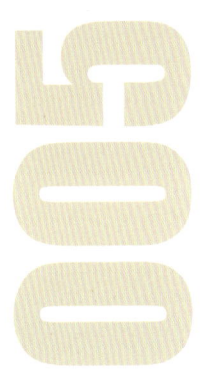

바다와 푸른 물고기

'나는 진심으로 그녀를 사랑한다고 했지. 중요한 건 껍데기가 아니라 마음이라고 생각해 왔는데, 나는 지금 그녀의 겉모습 때문에 고민하고 있잖아.'

시골 마을에서 농사를 지으며 살아가는 청년이 있었습니다. 친구들은 모두 성공을 위해 시골을 떠나 큰 도시로 나갔지만, 청년은 태어나서 줄곧 마을에 남아 부모님을 모셨습니다.

동네 어른들은 그를 볼 때마다 입에 침이 마르도록 칭찬을 아끼지 않았습니다. 부지런하고 성격도 좋고 일도 잘하고, 게다가 얼굴까지 잘생긴 최고 중의 최고 신랑감이라고 말이에요.

하지만 청년은 서른 살이 넘었는데도 아직 장가를 들지 못하고 있었습니다. 누구 하나 농촌으로 시집 오겠다는 처녀가 없었기 때문입니다.

그러던 어느 날 청년은 인터넷을 하다가 우연히 한 여인과 이메일을 주고받게 되었습니다. 청년은 자기의 이름 대신 '바다' 라는 대화명을 썼고, 그녀는 '푸른 물고기' 라는 대화명을 사용했습니다.

청년이 느끼기에 그녀는 아는 것이 많으면서도 겸손하고 착한 마음씨를 지니고 있었습니다. 더구나 두 사람은 여러 가지 생각들이 참 많이 통했습니다.

여러 달 동안 이메일을 주고받으면서 청년은 조금씩 그 여인을 좋아하게 되었습니다. 그녀는 시골의 생활에 대해서도 많이 이해하고 있었고, 착하고 성실한 청년의 태도를 무척 마음에 들어하는 듯했습니다.

마침내 두 사람 사이가 매우 친근해졌다고 여겨질 무렵, 청년은 조심스럽게 자신의 마음을 털어놓았습니다. 한 번도 얼굴을 본 적은 없지만 진심으로 여인을 사랑하고 있다는 것을요.

청년은 정말로 이 세상에 태어나 누군가를 이토록 사랑해 보기는 처음이었습니다.

하지만 웬일인지 여인에게서는 답장이 없었습니다. 하루가 멀다 하고 서로 메일을 주고받아 왔는데, 청년의 사랑 고백이 담긴 메일을 받고 여인은 감감 무소식이었지요. 청년은 깊은 한숨을 내쉬었습니다.

'그래……, 그녀도 이런 시골에서는 살고 싶지 않은 거야.'

청년은 너무나 괴로웠습니다. 그녀 역시 자신을 진심으로 사랑하고 있다고 믿었는데, 이런 식으로 끝나 버린다는 것이 참을 수 없을 만큼 슬펐습니다.

논밭에 나가도 청년은 도무지 일이 손에 잡히지 않았습니다. 하루 종일 푸른 물고기라는 이름만이 머릿속에서 맴돌 뿐이었습니다. 괴로움을 견디다 못한 청년은 자신의 애절한 마음을 담아 다시 그녀에게 메일을 보냈습니다.

역시 일 주일이 지나고 이 주일이 지나도 답장은 오지 않았습니다. 혹시 그녀가 마음이 변해서 그를 멀리하는 건지, 아니면 그녀에게 무슨 일이 생긴 건지 도무지 알 수 없었습니다.

청년은 애타게 그녀의 답장을 기다리며 하루에도 몇 번씩 메일을 확인해 보았습니다. 그런데 마침내 한 달쯤 지났을 때 그녀에게서 메일이 왔습니다. 청년은 두근거리는 마음으로 메일을 읽어 내려갔습니다.

바다님

저도 당신을 너무나 사랑하고 있습니다.
그래서 바다님의 고백을 듣고 얼마나 기뻤는지 모릅니다.
하지만 바다님의 메일을 받고서 저는 오랫동안 고민해야 했답니다. 사실 저는 어려서부터 한쪽 다리가 불편한 소아 마비를 앓고 있습니다.
또 어릴 적에 입은 화상으로 얼굴에도 흉터가 많고요.
그래서 직장 생활은커녕 집 안에서 혼자 숨어서 살아가고 있습니다.
가진 것도 없고, 더군다나 몸마저 이러니 누구 하나 쳐다보는 사람이 없지요.
그 동안 이메일을 통해 여러 사람을 만나 보았지만 모두들 저의 실체를 알고는 등을 돌리더군요.
그 후로는 호감을 주는 사람이 나타나도
제가 먼저 등을 돌리곤 했습니다.
사랑을 시작하기도 전에 버림을 받을 게 너무나 뻔하니까요.
이런 제가 과연 당신 같은 분을 사랑해도 될까요?

'아아, 그랬구나!'

청년은 크게 실망했습니다. 그토록 사랑했던 여인이 그런 모습을 하고 있다니요. 하지만 한편으로는 자기 자신에 대해서도 생각하게 되었습니다.

'나는 진심으로 그녀를 사랑한다고 했지. 중요한 건 껍데기가 아니라 마음이라고 생각해 왔는데, 나는 지금 그녀의 겉모습 때문에 고민하고 있잖아.'

청년은 며칠 동안 그녀의 메일을 읽고 또 읽으며 고민했습니다. 그러고는 마침내 마음의 결정을 내렸습니다.

그녀가 소아 마비에 흉한 얼굴을 하고 있다는 것은 아무런 문제가 되지 않았습니다. 그녀가 가난하다는 것도 청년에게는 아무런 흠이 되지 않았지요.

다만, 그 동안 그녀가 얼마나 많이 고민하고 괴로워했을지, 그 생각을 하니 도리어 코끝이 아릿하고 가슴이 아파 왔습니다.

청년은 다시 그녀에게 메일을 보냈습니다.

푸른 물고기님
저는 변함없이 당신을 사랑합니다.
사실 저 역시 며칠 동안 많은 고민을 했습니다.
그러다가 저는 깨달았습니다.
당신에게는 건강한 몸을 가진 내가, 또 저에게는 아름다운 영혼

> 을 가진 당신이 꼭 필요하다는 것을요.
> 푸른 물고기님,
> 그 동안 많은 사람들 사이에서 너무도 힘들고 외로우셨겠지만,
> 이제 이 바다의 품으로 들어오세요.
> 언제까지나 당신을 따뜻하게 감싸드리겠습니다.

그렇게 서로의 사랑을 확인한 두 사람은 얼마 후에 첫 만남을 갖게 되었습니다.

청년은 그녀의 불편한 몸 때문에 염려가 되었지만, 그녀는 청년이 사는 마을을 보고 싶어했습니다. 그래서 두 사람은 시골 마을의 폐교가 된 어느 초등 학교 교정에서 만나기로 했습니다.

드디어 약속한 날짜가 되었고, 청년은 한 시간쯤 먼저 학교에 가서 한 커다란 나무 아래에 서 있었습니다.

약속 시간이 조금 지나 멀리에서 한 여인이 목발을 짚고, 모자와 마스크를 두른 채 천천히 다가왔습니다.

"혹시 푸른 물고기님이신가요?"

청년이 묻자 그녀가 대답했습니다.

"그럼 그쪽이 바다님?"

그녀는 부끄러운 듯 살며시 고개를 숙이더니 이렇게 말했습니다.

"이제 제 모습을 보여 드리겠어요."

그녀가 모자와 마스크를 벗어 나뭇가지에 걸었습니다. 순간 청년의 두 눈이 휘둥그레졌습니다. 그녀는 흉터 하나 없는 우윳빛 얼굴에 이목구비가 또렷한 아름다운 여인이었던 것입니다.

그녀는 이윽고 목발을 내리고, 아무렇지도 않게 벤치로 다가와 앉으며 환한 미소를 지었습니다.

"대체 어떻게 된 일인지……?"

청년은 너무나 놀라서 말을 잇지 못했습니다.

그녀가 말했습니다.

"미안해요. 처음부터 속이려고 그랬던 건 아닙니다. 다만 저를 진심으로 사랑하는 사람을 만나고 싶었을 뿐이지요. 이제 제가 당신의 바다에서 헤엄쳐도 될까요?"

"물론입니다, 푸른 물고기님."

청년은 물기 어린 눈으로 그녀를 포근하게 안아 주었습니다.

생 / 각 / 주 / 머 / 니

외모보다는 마음

친구들 사이에서 얼짱, 몸짱이 인기라지만 '마음짱' 만한 게 있을까요?

착하고 아름다운 마음을 지닌다면 얼굴은 저절로 화사해진답니다.

유명한 소설가가 쓴 이런 이야기가 있습니다.

얼굴이 아주 험상궂게 생긴 남자가 어느 날 아름다운 여인을 보고 사랑에 빠졌습니다.

그는 용기를 내어 그 여인에게 결혼을 신청했습니다.

하지만 여인은 남자의 얼굴을 보고 딱 잘라 말했습니다.

"저는 당신처럼 험악하게 생긴 분의 아내가 되긴 싫어요!"

남자는 고민 끝에 아주 잘생기고 마음씨 좋아 보이는 가면을 쓰고 나타나서 그 여인과 결혼을 하는 데 성공했습니다.

그 후 남자는 행복하게 살 수 있었지요.

그런데 어느 날 한 사람이 찾아와 그가 가면을 쓰고 있다는 사실

을 폭로했습니다.

여인은 당장 남편의 가면을 벗겼습니다. 하지만 가면 뒤에는 험악한 얼굴이 아닌 아주 평화롭고 마음씨 좋아 보이는 선한 얼굴이 있었습니다.

마음에 사랑을 담고 바르게 살다 보니 남자의 험상궂은 얼굴이 아름다운 얼굴로 변하게 된 것입니다. 마음 속에 어떤 것을 담고 살아가느냐가 얼마나 중요한지 알 수 있겠죠?.

사 / 랑 / 실 / 천

　　사랑을 하는 데에는 제한이 없어요. 사람, 동물, 식물, 사물 등 어떤 것도 사랑의 대상이 될 수 있지요. 사랑을 하는 것, 사랑을 받는 것 모두 우리에게 행복을 가져다 줍니다. 세상에서 아름다운 것들 중 가장 아름다운 것이 사랑이에요.

① 나를 먼저 사랑하세요

나를 사랑하지 않는 사람은 다른 사람도 사랑할 수 없어요. 나를 사랑하는 과정에서 다른 사람을 사랑하는 방법도 배우게 되는 거니까요. 제일 먼저 사랑해야 할 사람은 바로 나 자신이라는 것을 잊지 마세요.

② "사랑해." 라고 말하세요

사랑한다는 한 마디는 아주 큰 힘을 가지고 있어요. 미워하는 사람을 자기도 모르게 사랑하게 만들고, 사랑하는 사람은 더 많이 사랑하게 만들어요. 사랑은 표현할 때 그 힘이 더욱 커진답니다.

③ 사랑은 책임이 따르는 법이에요

내가 편할 때만 강아지를 챙겨 주고 바쁠 때는 소홀하게 대하는 것은 사랑이 아니에요. 누군가에게 사랑을 베풀 때에는 힘이 들 때에도 꾸준히 사랑하겠다는 책임감을 가져야 한답니다.

④ 사랑에도 거리가 필요해요

사랑한다고 해서 구속하는 건 나빠요. 사랑하니까 항상 내 옆에만 있어야 하고, 나만 사랑해야 한다고 하는 것은 이기적인 생각이에요. 사랑한다면 상대방을 편안하게 해 주어야 한답니다.

Love
care

#2 배려

for you love

I love you

006 아주 특별한 과일 바구니
생각 주머니 | 서로 믿는 마음

007 낡은 인형
생각 주머니 | 추억과 반성

008 작은딸의 장학금
생각 주머니 | 베푸는 사랑

009 아버지의 뜻
생각 주머니 | 꿈을 향한 계획표

♥ 배려실천

care

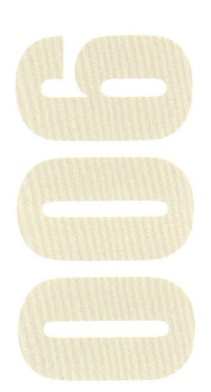

아주 특별한 과일 바구니

"와, 정말 약속을 지켰네? 그럼 그렇지!" 담이 엄마는 돈을 받았다는 사실보다 믿음이 어긋나지 않았다는 사실에 더욱 기분이 좋았던 것입니다.

담이 엄마는 마음이 참 약합니다. 누구에게 싫은 소리 한 마디 못하고, 이웃집에서 무슨 부탁이라도 하면 들어 주지 않고는 못 배깁니다.

그래서 남에게 돈을 꾸어 주고 못 받는 경우도 허다했습니다. 그 때마다 담이 아빠는 엄마를 보고 혀를 끌끌 찼습니다.

"쯧쯧, 당신이 무슨 자선 사업가요? 못 받을 게 뻔한 사람한테는 빌려 주지 말아야지."

아빠가 이렇게 잔소리를 하는 것도 무리가 아닙니다. 담이네 집이 남들보다 월등하게 부자인 것도 아니니까요. 담이 아빠가 한 달 꼬박 열심히 일하면, 그렇게 해서 받은 월급으로 조금씩 저축을 하면서 한 달을 빠듯하게 살아가는 형편이었습니다.

어느 날, 담이가 유치원에 간 사이에 엄마는 시장으로 야채를 사러 갔습니다. 시장이 조금 멀어서 버스를 타고 가야 했지요. 양파랑 호박이랑, 담이가 좋아하는 감자도 조금 샀습니다.

그러고는 다시 집으로 돌아가는 버스를 타려고 정거장에 섰습니다. 한참 버스를 기다리고 있는데 갑자기 웬 청년이 담이 엄마 앞으로 다가왔습니다.

"저, 죄송합니다만……."

담이 엄마에게 무슨 할 말이 있는 것 같은데, 청년은 쉽게 말을 꺼내지 못하고 자꾸만 망설였습니다.

"무슨 일이신데요?"

담이 엄마가 묻자 청년은 그제야 자기 사정을 늘어놓기 시작했습니다.

"사실은 제가 지방에서 서울로 출장을 왔거든요. 이제 일을 마치고 돌아가야 하는데, 그만 지갑과 핸드폰을 모두 잃어버리고 말았습니다."

그러면서 청년은 집으로 돌아갈 수 있도록 차비를 좀 빌려 달라는 것이었습니다.

하지만 담이 엄마는 참 난처했습니다. 청년의 말이 사실인지 아닌지도 모를 일이고, 게다가 요즘 경제가 어려운 때라 이런 식으로 생활비를 마련하려는 게 아닌가 의심스럽기도 했습니다. 만약 청년의 말이 사실이라고 해도 생전 처음 보는 사람에게 선뜻 돈을 꿔 주었다가는 또 떼어먹힐 게 뻔했지요. 엄마의 머릿속에는 벌써부터 담

이 아빠의 잔소리가 들리는 듯했습니다.

"죄송해요, 제가 좀 바빠서……."

담이 엄마는 빌려 주지 말아야겠다는 생각으로 청년을 외면했습니다. 돈이 없다고 딱 잡아떼면 그만일 텐데, 안타깝게도 담이 엄마는 그런 거짓말은 못 하는 성격이었지요.

청년은 담이 엄마의 약한 마음을 눈치채고는 끈질기게 매달렸습니다.

"제발 좀 도와 주세요. 조금만 빌려 주시면 무슨 일이 있어도 반드시 갚겠습니다."

청년이 이렇게 매달리니 담이 엄마는 이러지도 저러지도 못 하고 한숨만 푹푹 내쉬었습니다. 그러다가는 마지못해 물었습니다.

"정말로 갚으실 거죠?"

"물론입니다. 세상이 두 쪽 나는 한이 있어도 반드시 갚을게요. 제발 부탁입니다."

"좋아요, 그럼."

담이 엄마는 결국 한 번 더 속는 셈 치자, 생각하고는 지갑을 꺼내어 돈을 빌려 주었습니다.

"고맙습니다, 정말 고맙습니다."

청년은 몇 번이나 인사를 하더니 연락처를 달라고 했습니다.

"다음 주 월요일까지는 꼭 연락드리겠습니다."

청년은 이렇게 말하고서 어디론가 황급히 달려갔습니다. 집으로 돌아온 담이 엄마는 저녁 식탁에서 낮에 있었던 일을 이야기했습니다.

"이런 세상에! 또 당했군, 또 당했어."

아빠는 그렇게 말하면서 또 혀를 끌끌 찼습니다.

"차라리 그 돈으로 담이한테 맛있는 피자나 사 주는 게 훨씬 더 나았을걸. 안 그러니, 담이야? 엄마는 꼭 바보 같아."

아빠의 말에 담이도 장난 삼아 배시시 웃으며 말했습니다.

"바보, 바보."

"그래, 그래. 바보야, 바보. 하하하하!"

바보라는 소리에 담이 엄마는 잔뜩 화가 나면서 눈물이 핑 돌았습니다.

"이번에는 아니에요! 그 사람은 거짓말한 게 아니라고요. 두고 봐요. 다음 주 월요일엔 그 사람

이 틀림없이 연락을 해 와 돈을 갚을 테니까."

담이 엄마는 이렇게 말했지만 아빠는 계속해서 담이랑 장난만 칠 뿐이었습니다.

'아, 하느님! 월요일에 꼭 연락이 오게 해 주세요!'

담이 엄마는 속으로 빌고 또 빌었습니다. 돈이 아까워서가 아니라 사람들에 대한 '믿음'이 사라질까 두려웠던 것입니다. 그리고 바보라고 놀린 가족들에게 보란듯이 보여 주고 싶기도 했습니다.

드디어 월요일이 되었습니다. 담이 엄마는 하루 종일 아무 일도 손에 잡히지가 않았습니다. 전화기 쪽으로 귀를 기울인 채 이제나저제나 청년에게서 연락이 오기를 기다렸지요.

하지만 담이가 유치원에서 돌아온 다음에도, 아빠가 퇴근해서 돌아온 다음에도, 그리고 저녁 식사를 마치고 창 밖이 깜깜해진 다음에도 전화벨은 울리지 않았습니다.

'휴, 내가 또 한 번 속았구나.'

담이 엄마는 그렇게 생각하며 시무룩한 얼굴이 되었습니다. 그걸 보고 아빠가 히죽히죽 웃었습니다.

"그것 봐. 내가 뭐라고 했어?"

아빠가 놀리기 시작했지만 엄마는 아무런 대꾸도 못 하고 한숨만 푹푹 내쉴 뿐이었습니다.

그렇게 며칠이 지난 어느 날, 담이네 집으로 커다란 과일 바구니 하나가 배달되어 왔습니다. 바구니 속의 과일들 사이로 편지 봉투 한 장이 꽂혀 있었습니다.

안녕하세요?
얼마 전에 길에서 돈을 빌렸던 사람입니다.
사정이 있어 돈을 갚는 게 조금 늦어졌습니다.
죄송합니다.

봉투 안에는 편지와 함께, 빌려 준 액수보다 조금 더 많은 돈이 들어 있었습니다. 며칠 동안 시무룩해 있던 담이 엄마의 얼굴은 금세 함박꽃처럼 활짝 펴졌습니다.

"와, 정말 약속을 지켰네? 그럼 그렇지!"

담이 엄마는 돈을 받았다는 사실보다 믿음이 어긋나지 않았다는 사실에 더욱 기분이 좋았던 것입니다.

그 날 저녁 엄마는 담이와 아빠 앞에서 과일 바구니 이야기를 하며, 사람을 함부로 의심해서는 안 된다며 한참 동안 설교를 늘어놓았습니다.

하지만 이렇게 기뻐하는 엄마를 보며 담이 아빠는 그저 담담하게 웃기만 할 뿐이었습니다. 그러고는 잃어버렸다고 생각했던 돈이 돌아왔으니 피자나 한 판 시켜 먹자고 했습니다.

덕분에 담이도 그 날 저녁엔 맛있는 과일이랑 피자를 먹을 수 있었습니다. 그런데 바로 다음 날 저녁, 뜻밖의 일이 생겼습니다.

전화벨이 울리고 담이 엄마가 받자, 수화기 저편에서 낯선 남자의

목소리가 들려 왔습니다.

"저, 기억하세요? 얼마 전에 버스 정류장에서 돈을 빌린 사람입니다."

담이 엄마는 반가운 목소리로 대답했습니다.

"물론 기억나죠. 보내 주신 과일은 잘 먹었습니다. 고맙습니다."

"네?"

"어제 과일하고 돈 보내 주신 것 말이에요."

"어? 이상하네요. 저는 조금 전에야 전화 번호하고 주소를 적었던 쪽지를 찾았거든요. 과일 바구니는 다른 분이 보내신 것 같네요. 어쨌든 그 동안 나쁜 놈이라고 욕 많이 하셨죠? 정말 죄송합니다. 계좌 번호를 알려 주시면 바로 보내 드리겠습니다."

전화를 끊고 나서 담이 엄마는 한참 동안이나 고개를 갸웃거렸습니다.

'그렇담 어제의 과일 바구니는 누가 보낸 거지?'

담이 엄마가 골똘히 생각에 잠겨 있는 것을 보고 아빠가 무슨 일이냐고 물었습니다.

"돈을 빌렸던 사람한테서 방금 전화가 왔어요."

담이 엄마의 말을 듣고 아빠는 당황한 표정으로 되물었습니다.

"뭐? 정말?"

담이 아빠는 믿어지지 않는다는 표정이었습니다.

"그런데 말이에요, 참 이상하죠? 그럼 어제 그 과일 바구니는 누가 보낸 걸까요? 혹시……, 잘못 배달된 걸까요?"

담이 엄마가 중얼거리자 아빠는 무언가 억울하다는 듯 입을 열었습니다.

"에잇! 괜히 과일값만 들었잖아. 얼른 내 돈 물어내!"

생 / 각 / 주 / 머 / 니

서로 **믿는** 마음

'사람'을 뜻하는 한자 '인(人)'은 두 사람이 서로 기대고 있는 모습에서 유래되었다고 합니다. 혼자서는 살아갈 수 없는 것이 바로 인간이기 때문이지요.

우리가 더불어 살아가기 위해서는 꼭 지켜야 할 것이 있습니다. 바로 약속입니다.

일일이 손가락을 걸고 말하지 않더라도 우리는 이미 많은 약속들을 지키며 살고 있습니다.

수업 시간에 마음대로 돌아다니지 않는 것, 정해진 시간에 다 같이 점심을 먹는 것, 아무리 대소변이 급해도 화장실에 가서 볼일을 보는 것, 공공장소에서는 조용히 말해야 하는 것…….

이런 것들도 일종의 약속이지요.

이러한 약속이 지켜지지 않는다고 생각해 보세요. 세상은 온통 엉망진창이 되고 말 것입니다.

　사람들 사이에서 맺어지는 약속을 작고 하찮은 약속이라고 해서 자꾸 어긴다면, 그 사람은 영영 믿을 수 없는 사람이 되고 맙니다.

　약속이란 커다란 건물을 받치는 기둥과 같아서, 그 기둥이 하나 둘씩 부서지다 보면 결국은 건물을 통째로 무너뜨릴 수도 있지요. 모두가 더불어 살아가는 사회 속에서 다른 사람들에게 '믿지 못할 사람'으로 비춰진다면 그만큼 불행한 일도 없을 겁니다.

　그리고 내가 믿을 만한 사람이 되기 위해 해야 할 또 한 가지 중요한 것!

　그건 바로 '내가 먼저 남을 믿어 주는 것'입니다.

낡은 인형

낡은 살림살이들을 버리고 이사 가는 날, 민희는 자기 방에 있던 짐들을 정리하고 있었습니다. 그런데 어머니는 조금 전 민희가 내다버린 촌스러운 인형 하나를 다시 들고 들어오는 것이었습니다.

민희가 고등 학교에 다닐 때까지만 해도 민희네 가족은 이곳 저곳 이사를 다니며 전세를 살아야 했습니다. 그러다가 드디어 민희네 부모님도 집을 장만하게 되었습니다.

비록 새로 지은 멋진 집은 아니었지만 민희는 자기네도 집이 생겼다는 사실이 너무나 기뻤습니다.

낡은 살림살이들을 버리고 이사 가는 날, 민희는 자기 방에 있던 짐들을 정리하고 있었습니다. 그런데 어머니는 조금 전 민희가 내다버린 촌스러운 인형 하나를 다시 들고 들어오는 것이었습니다.

"엄마, 그건 또 왜 챙겨요?"

민희는 인상을 찌푸리며 물었습니다.

"이 인형이 어때서?"

"너무 낡았잖아. 그리고 요즘에 누가 그런 걸 갖고 놀아?"

하지만 어머니는 때가 꼬질꼬질한 인형을 깨끗이 닦아 주며 말했습니다.

"그래도 네가 어렸을 때 이 인형을 얼마나 좋아했는데……."

"정말?"

"그럼! 어딜 가나 친구처럼 손에 꼭 들고 다녔고, 잠잘 때는 항상 옆에 재웠잖니?"

민희는 고개를 갸웃거렸습니다. 아무래도 저렇게 촌스러운 인형을 가지고 놀았던 기억이 없었으니까요. 그 동안 장롱 속에 처박혀 있거나 침대 밑에서 구르고 있는 것이 가끔씩 눈에 띌 뿐이었지요.

"칫, 그래도 이젠 싫어. 그러니까 그냥 버려."

그러나 어머니는 민희 말에는 아랑곳하지 않고, 그 인형을 가슴에 꼭 안고서 이삿짐 트럭에 올랐습니다.

그 후 민희는 또다시 그 인형에 대해 까맣게 잊고 있었습니다. 집 안에서 이따금 눈에 띄어도 전혀 무관심하게 지나치곤 했지요.

어느덧 세월이 흐르고 흘러 민희는 어른이 되었습니다. 가난하지만 성실한 남자를 만나 결혼을 했고, 얼마 후에는 자기를 꼭 닮은 예쁜 딸을 낳았습니다.

그리고 열심히 일하고 저축한 덕분에, 결혼한 지 6년 만에 자기 집을 장만하여 이사를 갈 수 있었습니다. 마침내 새 집으로 이사 간 날, 민희는 전에 살던 집에서 가져온 짐들을 하나하나 풀어 정리했습니다.

  이제 웬만큼 짐 정리가 끝나고, 마지막으로 베란다에 놓여 있던 몇 개의 상자만 정리하면 그만입니다. 그 때 다섯 살짜리 딸아이가 다가왔습니다.

  "엄마, 나도 도와 줄게."

  "그래. 대신 더 어질러 놓으면 안 돼! 알았지?"

  "응, 알았어. 나도 할 수 있다고!"

  딸아이는 자그마한 상자 하나를 앞에 두고 앉아 뚜껑을 열었습니다. 그러고는 눈을 초롱초롱 빛내며 물었습니다.

  "우와! 엄마, 이게 뭐야?"

"글쎄, 그게 뭐지?"

딸아이가 들고 있는 것은 작은 반지였습니다. 그러고 보니 그 상자에 들어 있는 것은 모두 민희가 어렸을 때 가지고 놀던 장난감들이었습니다.

귀퉁이가 깨지고, 고리가 떨어져 나가고, 색깔이 바랜 가지각색의 장난감들. 그리고 그 사이에는 고등 학교 때 민희 어머니가 다시 챙겨 놓았던 그 낡은 인형도 함께 있었습니다.

'이상하다. 이런 짐이 이 곳에 있을 리가 없을 텐데……'

민희가 고개를 갸웃거리는 사이, 딸아이는 장난감 팔찌를 손목에 걸어 보고 반지를 손가락에 끼워도 보면서 마냥 즐거워했습니다.

"엄마, 나 이거 다 가질래!"

민희는 상자의 뚜껑을 보았습니다.

그 상자는 친정에서 보내 준 것이었습니다. 그리고 상자 속에는 어머니가 곱게 적어 보낸 편지 한 장이 들어 있었습니다.

내가 모두 다 깨끗하게 닦아 보관하고 있었단다.
비록 낡긴 했지만, 이 장난감들 속에는 우리들의 소중한 추억이 깃들어 있단다.
새 집으로 이사 간 걸 축하해.

작은 상자를 들고 자기 방으로 뛰어가는 딸아이의 뒷모습을 바라보면서, 민희는 문득 눈시울이 뜨거워졌습니다.

생 / 각 / 주 / 머 / 니

추억과 반성

엄마, 아빠 어렸을 때의 이야기를 들은 적이 있나요?

똥 봉투 들고 학교에 가던 일이며, 집에 가는 길에 설탕 과자를 사 먹던 일, 친구들과 연을 날리거나 딱지치기를 하며 놀던 일…….

엄마, 아빠는 가난했지만 즐겁고 따뜻했던 어린시절을 떠올릴 때마다 입가에 미소를 짓습니다.

이처럼 아름답게 남아 있는 기억들을 '추억' 이라고 하지요. 우리는 살면서 힘든 일이 있거나 일상에 지칠 때면 추억을 떠올리며 힘을 내고는 합니다. 또 어떤 이는 이렇게 말합니다.

"행복해지기 위해서는 열심히 일하고, 사랑을 나누고, 남을 돕고, 활기차게 생활하라. 그리고 또 하나 빼놓을 수 없는 것이 있다. 자기가 지나온 길을 되돌아볼 여유를 가질 것!"

지나온 길을 되돌아본다는 건 돌이켜 반성하는 것이기도 합니다.

　'반성'이란 더 나은 미래를 향하여 나아가는 가장 중요한 첫 걸음이지요.

　모든 사람들이 성공을 위해, 남보다 큰 행복을 차지하기 위해 앞만 보고 달려갈 때 이따금 뒤를 돌아보세요.

　정말 중요한 것은 바로 거기, 등 뒤에 있을지도 모르니까요.

작은딸의 **장학금**

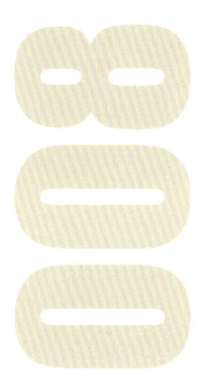

어머니는 가슴이 쿵 하고 내려앉는 것만 같았습니다. 그 동안 작은딸은 장학금 얘기일랑은 입도 뻥끗하지 않고, 매번 등록금을 타 갔던 것입니다.

두 딸을 키우는 부모가 있었습니다. 딸들은 무럭무럭 자라서 어느새 큰딸은 회사에 다니고, 작은딸은 대학생이 되었습니다. 두 사람은 딸들이 별 탈 없이 자라 준 것이 고마울 따름이었습니다.

그런데 요즘 두 사람에겐 한 가지 고민이 생겼습니다. 그건 바로 작은딸 때문이었습니다.

"엄마, 이젠 고생 좀 덜 하시게 돼서 좋죠? 정선이가 공부를 잘해서 꼬박꼬박 장학금을 타잖아요. 그러니까 제가 드리는 용돈은 고스란히 엄마를 위해서 쓰세요."

큰딸의 말을 듣고 어머니는 깜짝 놀랐습니다.

"아니, 그게 무슨 소리니? 작은애가 장학금을 타다니?"

"어머, 모르셨어요? 1학년 때부터 계속 타 왔는데……."

어머니는 가슴이 쿵 하고 내려앉는 것만 같았습니다. 그 동안 작은딸은 장학금 얘기일랑은 입도 뻥끗하지 않고, 매번 등록금을 타 갔던 것입니다.

대학 등록금이라는 것이 한두 푼 하는 것도 아니고, 그걸 벌기 위해서 부모님은 궂은 일도 마다하지 않고 열심히 일해 왔지요.

하지만 어머니는 돈보다도 부모를 속여 온 딸아이의 태도가 괘씸하고 서운했습니다.

어머니는 얼른 작은딸의 방으로 가 방을 뒤져 보았습니다. 과연 큰딸의 말대로 작은딸의 책장 한귀퉁이에 꽂혀 있던 두툼한 책갈피 속에서 몇 개나 되는 장학 증서를 찾을 수 있었습니다.

'도대체 왜 거짓말을 해 온 걸까? 집에서 받은 등록금으론 도대체 무엇을 한 거지? 천 원짜리 한 장을 주어도 쓰고 남은 돈은 반드시 도로 가져와 내놓을 만큼 정직한 아이였는데…….'

어머니는 여러 가지 생각으로 머릿속이 복잡했습니다.

어머니는 남편에게 이 사실을 이야기했습니다. 아버지도 역시 놀라기는 마찬가지였습니다. 하지만 일단은 작은딸을 추궁하지 않기로 했습니다. 어쩌면 말 못 할 무슨 사정이 있어서 매번 그 많은 돈이 필요했을지도 모르니까요.

그 후로도 작은딸은 새 학기가 시작될 때마다 등록금을 달라고 했고, 부모는 묵묵히 돈을 내주었습니다. 그 다음에도, 또 그 다음에도 마찬가지였습니다.

그러던 어느 날, 어머니는 도저히 안 되겠다 싶은 생각이 들었습니다.

'오늘 아침에도 등록금을 가져갔는데, 도대체 무엇 때문에 그 많은 돈이 필요한 걸까?'

어머니는 오늘만큼은 꼭 따져 보아야겠다고 마음먹었습니다. 그날 저녁 부모는 식사를 마친 뒤 안방으로 들어갔습니다. 그러고는 작은딸을 조용히 부르려던 참이었습니다.

그런데 때마침 작은딸이 할 이야기가 있다며 안방 문을 열고 들어오는 것이었습니다. 딸아이는 아침에 받아 갔던 등록금을 고스란히 꺼내 놓으며 말했습니다.

"엄마, 아빠. 사실은 저 일 학년 때부터 줄곧 장학금을 받았어요."

딸아이의 입에서 먼저 그 이야기가 나오자 부모는 당황하지 않을 수 없었습니다.

"아니, 그, 그랬구나. 그런데 어째서……?"

딸아이는 죄송하다는 듯 머리를 조아리며 대답했습니다.

"**그러면서도 등록금을 가져간 건 같은 과 친구 때문이었어요. 그 친구가 너무도 가난해서 제가 받은 장학금을 주지 않으면 학교를 그만두어야 할 처지였거든요.** 그래서 두 분께서 제 등록금을 마련하느라 힘들어하시는 걸 알면서도, 그 때문에 너무도 죄송했지만 먼저 상의 드리지도 못하고 제 마음대로 장학금을 모두 그 애한테 주게 되었어요……. 그런데 이번 학기부터는 그럴 필요가 없어졌어요. 그 친구의 어려운 사정을 알고 후원해 주는 분이 생겼거든요. 그 친구는 나중에 졸업하고 직장에 들어가면 모두 갚겠다고 눈이 퉁퉁 붓도록 울면서 말했지만……. 제가 갚아 드릴게요, 어머니 아버지께 말이에요. 그 동안 말씀드리지 못했던 거 죄송해요."

딸아이의 이야기를 듣는 순간, 어머니는 왈칵 쏟아지려는 눈물을 가까스로 참으며 따뜻한 눈길로 딸의 어깨를 토닥여 주고는 황급히 안방을 나와야 했습니다.

'역시 우리 딸은 정직하고 대견스럽구나. 또 이처럼 따뜻한 마음씨까지 지니고 있다니…….'

한편으로는 작은딸에 대해 괜한 의심을 했던 것이 미안스럽기만 했습니다.

생 / 각 / 주 / 머 / 니

베푸는 사랑

이렇게 정직하고 따뜻한 심성을 가진 딸을 보고 엄마는 얼마나 행복했을까요? 비록 비싼 등록금을 몇 번이나 내야 했지만 마음만은 세상 어느 부자보다도 든든했을 거예요.

"정직만큼 큰 재산은 없다."

이건 바로 셰익스피어의 명언이랍니다.

또, 가난한 친구를 위해 기꺼이 장학금을 내준 딸의 마음이야말로 무엇과도 바꿀 수 없는 귀중한 재산입니다.

어느 날 인도의 왕이 백성들을 살피기 위해 평민의 옷차림을 하고 거리로 나갔다고 합니다.

길을 걷는데 어떤 거지가 왕의 옷자락을 붙잡고 구걸을 했습니다.

"제발 한 푼만 도와 주세요."

하지만 왕이 보기에 그 사람은 아직 젊고, 열심히 노력하면 얼마

든지 잘 살 수 있을 것 같았습니다.

"그렇게 구걸만 하지 말고, 당신도 뭔가 내게 베풀 수 있는 것을 생각해 보시오."

그러자 거지는 옆에 끼고 있던 쌀자루에서 달랑 쌀 한 톨을 꺼내 주었습니다. 그걸 받은 왕은 들고 있던 자루에서 무엇인가를 꺼내어 거지의 쌀자루에 넣어 주었습니다.

그 날 저녁, 자루를 열어 본 거지는 깜짝 놀랐습니다.

'아, 이럴 줄 알았다면 쌀알을 더 많이 주는 건데……'

쌀자루 속에는 작은 금 조각 하나가 들어 있었던 것입니다.

남에게 베푸는 만큼 나에게도 행복이 돌아온답니다.

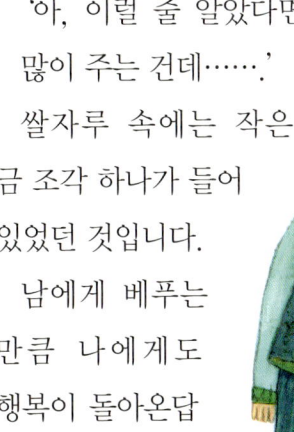

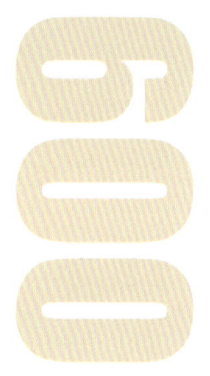

아버지의 뜻

눈을 감고 딸의 말을 듣던 아버지는 천천히 눈을 떴습니다. 그러고는 딸을 꼭 안아 주면서 말했습니다.
"됐다. 이젠 인생의 목표가 생겼으니 대학에 가도 좋다."

어느 날, 저녁 식사를 마친 아버지가 딸과 아들을 불러 앉혔습니다. 딸은 이제 갓 고등 학생이 되었고 아들은 중학생이 되었습니다. 아버지는 먼저 딸에게 물었습니다.

"얘야, 너는 장차 대학에 들어갈 생각이냐?"

"대학이요? 당연히 들어가야죠."

딸은 웃으면서 대답했습니다.

아버지는 아들에게도 똑같은 질문을 했습니다.

"에이, 아빠는 뭐 그런 걸 물어 보세요? 당연히 대학에 가야죠."

"그래, 그렇다면 왜 대학에 가야 하는지 얘기해 보겠니?"

아버지의 이상한 질문에 딸이 대답했습니다.

"아빠, 오늘 정말 이상하세요. 대학을 가지 않으면 창피하잖아요. 남들은 다 가는데……."

"맞아요. 누구나 대학에 가려고 중학교랑 고등 학교를 다니는 거잖아요."

아이들의 대답을 듣고 난 아버지의 얼굴이 일그러졌습니다. 무언가 대단히 실망한 듯한 표정이었습니다.

아버지는 단호하게 말했습니다.

"내가 오늘 확실하게 말해 두겠다. 앞으로 너희들은 둘 다 대학에 가지 말았으면 좋겠다. 부디 나의 마지막 바람으로 알고 꼭 들어다오. 너희들이 나를 정말로 사랑한다면 말이다."

순간 아이들은 할 말을 잃어버렸습니다. 이 세상의 어떤 아버지라도 자식이 대학에 가기를 바랄 것입니다. 어려서부터 학원에 보내거나 조기 교육을 시키는 것도 다 공부 잘해서 좋은 대학에 보내기 위한 것이겠지요.

'아빠는 유학까지 갔다 오셨으면서 어떻게 저런 말씀을 하시는 거지? 도저히 이해할 수가 없어.'

아이들은 고개를 갸웃거렸습니다. 그러나 너무도 단호하게 말하는 아버지를 붙잡고 더 이상 다른 말을 할 수 없었습니다.

그 후로 한 해, 두 해 세월이 흘렀습니다. 아이들은 대학에 가지 말라는 아버지의 뜻을 이해할 수 없었지만, 종종 그 때의 아버지 말을 떠올리며 곰곰이 생각해 보았습니다.

'아, 나도 다른 아이들처럼 대학에 꼭 가고 싶은데……'

그러면서 장차 어떤 공부를 하고, 대학을 나와서는 어떤 일을 하게 될지 상상해 보았습니다.

그러다가 어느덧 딸은 대학 입학 시험을 눈앞에 두게 되었습니다. 그 동안 딸은 여러 모로 고민한 바가 있었습니다.

딸은 굳게 마음먹고 아버지에게 다가가 말했습니다.

"아빠, 저는 정말로 아빠를 사랑해요. 그래서 아빠의 말씀을 거역

하고 싶지 않지만, 제발 이번 한 번만 제 부탁을 들어 주세요. 저 대학 가겠어요. 죄송해요, 아빠."

울먹이며 말하는 딸에게 아버지가 물었습니다.

"음……, 그렇다면 어디 그 이유나 한번 들어 보자."

"만약 제가 대학에 가지 않으면 이 세상에 아픈 사람이 더 많아질 거예요. 저는 의학을 공부해서 몸이 아파도 병원에 오지 못하는 가난한 사람들을 직접 찾아다니면서 고쳐 주는 의사가 되고 싶어요."

눈을 감고 딸의 말을 듣던 아버지는 천천히 눈을 떴습니다. 그러고는 딸을 꼭 안아 주면서 말했습니다.

"됐다. 이젠 인생의 목표가 생겼으니 대학에 가도 좋다."

생 / 각 / 주 / 머 / 니

꿈을 향한 계획표

여러분은 어떤 목표를 가지고 있나요?
'나는 장차 화가가 되어야지.'
'나는 우주선을 조종하는 사람이 될 거야.'

이처럼 먼 훗날을 위한 목표도 있지만 여러 가지 작은 목표들도 있습니다.

'이번 방학에는 책 50권을 읽자!'
'한 달 동안 3킬로그램을 빼는 거야.'
'오늘은 꼭 숙제를 다 끝내야지.'

그런데 만약 목표를 세우지 않는다면 어떻게 될까요?

목표가 없으면 우리는 계획 없이 아무렇게나 생활하게 됩니다. 그러다 보면 게을러지기 쉽고, 남보다 뒤처지게 되고, 나중에는 아무 것도 이룬 것이 없게 되지요.

하지만 그 때는 이미 너무 늦어 후회해도 소용없답니다.

세계적으로 가장 성공한 사람 중 하나로 꼽히는 카네기가 말하는

'성공을 위한 다섯 가지 원칙'을 소개할게요.

첫째, 원하는 목표를 마음 속에 아주 구체적으로 세운다.
둘째, 그 목표를 위해 무엇을 할 것인지 계획을 짜고, 다짐과 각오를 분명히 한다.
셋째, 목표를 언제까지 달성하겠다는 계획서를 작성한다.
넷째, 계획서대로 그 날부터 곧바로 실행에 옮긴다.
다섯째, 계획서를 하루 두 번 이상 읽으며 '꿈은 반드시 이루어진다.'고 다짐한다.

배 / 려 / 실 / 천

다른 사람을 도와 주거나 보살펴 주려는 마음을 '배려'라고 해요. 우리는 배려를 받기도 하고 누군가를 위해 배려를 하기도 합니다. 하지만 배려를 누구나 쉽게 할 수 있는 것은 아니에요. 배려를 잘하려면 나름대로 연습이 필요하답니다.

① 가장 가까운 곳에서부터 배려하세요

배려는 특별한 사람에게 하는 것이 아니에요. 피곤해 보이는 엄마를 대신해 집안 청소를 하거나, 늦게 들어오시는 아빠를 위해 맛있는 음식을 남겨 두는 것처럼 가장 가까운 가족에게 먼저 배려하세요.

② **작은 배려부터 시작하세요**

길에 떨어진 작은 유리 조각을 줍거나, 뒤에 오는 사람을 위해 문을 잡아주는 일처럼 사소한 행동도 상대방을 기쁘게 만드는 좋은 배려랍니다.

③ **'내가 너라면' 하고 생각하세요**

좋은 마음에서 한 배려가 상대방의 기분을 상하게 할 수도 있어요. 나의 입장에서만 생각했기 때문이지요. 내가 너라면 어떨까 하고 먼저 생각한다면 배려하고도 미안해해야 하는 일은 없겠죠?

④ **다른 사람을 관찰하는 습관을 들여요**

관심을 갖고 주변 사람들을 관찰하다 보면 그 사람에게 필요한 배려가 무엇인지 알게 됩니다. 내 마음대로 배려하는 것도 좋지만 그 사람에게 필요한 것이 무엇인지 알고 하는 배려는 더 큰 감동을 주겠지요?

#3 친절

010 아빠는 교통 정리 중

생각 주머니 | 최선을 다하는 사람들

011 작은 친절

생각 주머니 | 솔선수범하는 마음

012 작은 관심

생각 주머니 | 뜨거운 관심

013 조장 아저씨의 도시락

생각 주머니 | 노력에게 주는 사랑의 상

014 세상에서 제일 맛있는 붕어빵

생각 주머니 | 다른 사람을 위하는 마음

♥ 친절실천

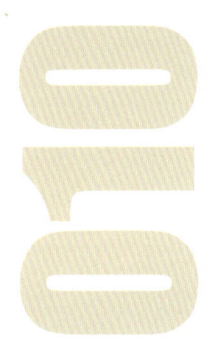

아빠는 교통 정리 중

어질러진 물건들을 정리하듯 자동차들을 차곡차곡 정리하는 성민이 아빠. 세상의 모든 차들이 그의 손짓 하나로 차례차례 움직이는 듯했습니다.

오늘은 성민이의 열한 번째 생일, 하지만 성민이의 얼굴은 시무룩하기만 합니다. 다른 아이들 같으면 친구들을 초대해서 케이크도 자르고 노래도 부르고, 아니면 두둑한 용돈으로 맛있는 것도 사 먹을 텐데…….

그냥 수북한 밥과 미역국이 전부이니까요.

성민이 아빠는 미역국을 보고서야 성민이의 생일인 줄 안 모양입니다.

"어이구, 그러고 보니 오늘이 우리 아들 귀빠진 날이구나."

그러고는 출근 늦겠다고 부랴부랴 수저를 놓고 밖으로 나가셨습니다.

"쳇, 아빠는 나한테 관심도 없어!"

성민이네 아빠는 택시 운전을 합니다. 하루 종일 여러 손님들을 태워다 주면 돈도 많이 벌 텐데, 성민이네 아빠는 그렇지가 않은 것 같습니다.

성민이 아빠 택시는 회사 거라서, 하루 버는 것에서 얼마를 회사에 내야 한다고 합니다. 그래서 손님도 별로 없는데 매일 회사에 갖다 주는 돈이 많아 힘들다고 합니다.

그리고 다른 아빠들은 아이들과 잘 놀아 준다던데, 성민이 아빠는 사흘에 한 번씩은 낮에 집에서 쉬면서도 종일 잠만 잡니다. 밤새 일하고 와서 피곤하기 때문입니다.

그렇지 않은 날은 옆집의 담장 고치는 일을 도와 주거나 다른 사람들의 일을 도와 주면서 하루를 다 보내곤 합니다. 이따금 과일을 한아름 사 오는 날도 있지만 앞집 김씨 아저씨나 뒷집 최씨 아저씨를 만나면 겨우 반만 남겨 가지고 옵니다.

그리고 **지난 설날에는 성민이를 위해 새 옷 하나 안 사 줬으면서 어떤 양로원에다가 할머니, 할아버지 내의를 잔뜩 사 준 일도 있었습니다.** 그런 아빠를 보고 성민이 엄마도 종종 이렇게 투덜거립니다.

"남 좋은 일 그만하고 우리 집 걱정이나 하세요. 그렇게 해서 언제 개인 택시 장만하시려고……."

하지만 성민이네 아빠는 언제나 대충 얼버무리고 맙니다. 아무튼 성민이는 그런 아빠가 밉습니다. 아들 생일날에는 선물 하나 안 해 주면서 생전 모르는 사람들한테는 이것 저것 잘해 주니까요.

그 날 밤 늦게 돌아온 성민이 아빠는 역시 빈손이었습니다. 아빠는 미안한 마음이 들었는지,

"성민아, 우리 내일 놀이 공원에 갈까?"

하고 물었습니다. 성민이는 귀가 번쩍 띄었습니다.

"저, 정말이죠, 아빠?"

성민이는 너무 설레어 잠이 오지 않았습니다.

오늘은 토요일입니다. 학교에서 일찍 수업을 마치고 돌아오면서, 성민이는 아빠가 놀이 공원에 데려가 주기 위해 자신을 기다리고 있을 거란 생각에 가슴이 한껏 부풀었습니다.

하지만 아침에 일하러 간 성민이 아빠는 여지껏 돌아오지 않았습니다. 성민이는 오 분, 십 분마다 한 번씩 시계를 보면서 아빠가 돌아오기만을 기다렸습니다. 드디어 약속했던 오후 세 시.

하지만 어쩐 일인지 성민이 아빠는 아직 안 돌아옵니다. 시계 바늘 두 개가 서로 만났다가 점점 멀어지는데도 안 돌아옵니다. 성민이의 얼굴은 조금씩 일그러져 갔습니다. 그러는 동안 시계 바늘 두 개가 다시 만났습니다. 그 다음에도 한 시간이 지나고, 두 시간이 지나고…….

성민이는 결국 엉엉 울기 시작했습니다. 성민이는 정말정말 아빠가 미워졌습니다. 다시는 아빠를 믿고 싶지 않았습니다.

정신없이 울고, 그러다 운다고 엄마한테 혼나고, 정말 기분이 엉망진창이었습니다. 그 날 성민이 아빠가 돌아온 건 밤 열 시가 넘어서였습니다. 아빠의 입에서는 술 냄새가 풀풀 났고 걸음걸이도 조금씩 휘청거리는 것 같았습니다. 성민이 엄마가 걱정스런 얼굴로 물었습니다.

"웬일이에요, 당신? 무슨 일 있었어요?"

성민이 아빠는 여간해선 술을 마시지 않습니다. 그런데 저렇게 술을 많이 마신 걸 보면, 뭔가 아주 안 좋은 일이 있는 모양이었습니다.

그 날 낮에 성민이 아빠는 어느 한적한 길을 달리다가 웬 청년이 아스팔트 위에 쓰러져 있는 것을 발견했답니다. 청년은 뺑소니 차에 치여 다리를 다치고 정신을 잃었던 것입니다. 성민이 아빠는 얼른 청년을 차에 태우고 병원으로 달려갔는데, 경찰서에서는 성민이 아빠가 그 사람을 다치게 한 줄로 알았던 것입니다.

청년이 정신을 차리고 나서야 겨우 성민이 아빠의 누명이 벗겨졌습니다. 성민이 아빠는 좋은 일을 해 놓고도 누명을 썼던 것이 속상해서인지 저렇게 술을 마셨던 것입니다.

"그나저나 오늘 성민이하고 약속을 못 지켜서 어쩌나? 우리 내일은 꼭 놀이 공원에 가자!"

성민이 아빠는 웃으면서 이렇게 말했지만 성민이는 다시 화가 났습니다. 다친 사람을 도와 준 것은 좋은 일이지만, 기대하고 기대했던 놀이 공원에 못 간 것이 못내 아쉽고 서운했습니다.

성민이는 아빠의 말에 대꾸도 않고 머리 꼭대기까지 이불을 뒤집어썼습니다. 결국 다음 날에야 성민이는 엄마, 아빠, 동생과 함께 놀이 공원에 갈 수 있었습니다.

성민이는 잔뜩 토라져 있었지만, 막상 놀이 공원에 가서는 인상을 쓸래야 쓸 수가 없었습니다. 입이 자꾸만 함박꽃처럼 벌어지고 발걸음이 새털처럼 가벼워졌습니다.

"야호, 야호, 신난다!"

아래로 뚝 떨어지고 공중에서 한 바퀴 휙 돌며 정신없이 달려가는 특급 열차, 커다란 그네처럼 왔다갔다 하며 '으악' 소리를 내지르게 만드는 바이킹, 이런 것들을 탈 때에는 꿈 속보다도 더 즐겁고 신이 났습니다. 어제는 시간이 느리게 흘러가더니, 참 이상하게도 오늘 놀이 공원에서는 시간이 그야말로 쏜살같이 지나갔습니다. 벌써 저녁 어스름이 지고 있었습니다.

성민이네 식구는 다시 아빠 택시를 타고 집으로 향했습니다. 집에서 나올 때에는 그렇지 않았는데, 다시 집으로 돌아가는 길에는 차가 굉장히 막혔습니다.

성민이는 느리게 움직이는 차 안에 있기가 답답하고 지루해서 하품만 나왔습니다. 소리를 지르고 펄펄 뛰며 신나게 놀아서 그런지, 성민이는 몇 번이나 하품을 하다가 그만 깜빡 잠이 들었습니다.

자다가 일어나 눈을 떠 보니 차는 아직도 꽉 막힌 도로에 있었고 바깥은 깜깜해져 있었습니다.

그런데 참 이상한 일이었습니다. 운전을 하고 계

셔야 할 아빠가 보이지 않았던 것입니다. 운전석은 텅 비어 있고, 차는 잠이라도 자는 듯이 뚝 멈춰 있었습니다. 성민이는 차창 밖을 두리번거리며 아빠를 찾아보았습니다.

차도에는 틈바구니 하나 찾아볼 수 없을 만큼 자동차가 빽빽했습니다. 이 많은 차들이 어디에서 나왔는지, 이렇게 심하게 차가 막히는 광경은 난생 처음 보는 것 같았습니다.

성민이는 저 앞에 자동차가 직진을 하거나 좌회전, 우회전을 하는 사거리를 바라보았습니다. 어떤 사람이 한가운데 서서 호루라기를 삑삑 불어대며 열심히 손짓을 하고 있었습니다.

이쪽 차들을 보낸 다음엔 저쪽 차들을 보내고, 그런 다음엔 다시 다른 쪽 차들을 보내고 있었지요. 아, 그런데 가만히 보니 그 사람은 바로 성민이 아빠였습니다. 별로 크지 않은 키에 마른 몸집, 볼품없이 휘어진 다리. 멀리서 보아도 분명 성민이 아빠가 틀림없었습니다.

'어휴, 어쩌자고 빨리 집으로 가지 않고 저러고 계신 걸까? 대체 언제부터 저러고 계셨던 거지? 오늘 놀이 공원에서 그렇게 열심히 돌아다녔는데 힘들지도 않으실까?'

그런데 성민이의 눈에 호루라기를 불며 이리저리 신호를 하는 성

민이 아빠를 향해, 감사의 손짓을 해 주는 운전자들의 모습이 들어왔습니다.

그러고 보니 저쪽 뒤에서는 마구 엉켜 있던 차들이 성민이 아빠가 있는 사거리 쪽으로 가까이 가면서부터는 점점 제자리를 잡아 가고 있었습니다.

어질러진 물건들을 정리하듯 자동차들을 차곡차곡 정리하는 성민이 아빠. 세상의 모든 차들이 그의 손짓 하나로 차례차례 움직이는 듯했습니다. 그 모습을 보니, 성민이는 아빠가 평소에 자신이 꿈꾸던 경찰관보다도 훨씬 더 멋진 것 같았습니다.

성민이는 그 동안 아빠에게 서운했던 마음을 모두 풀기로 했습니다. 성민이는 아빠가 비록 자신한테 조금 소홀하긴 했지만 분명히 자신을 사랑하고 있음을 압니다. 그리고 이웃에게 베풀 줄도 알고, 어려운 사람을 보면 언제라도 기꺼이 도와 주는 그런 사람이라는 것도 압니다.

아빠는 성민이네 가족이 믿는 든든한 가장이면서, 세상을 더 살기 좋게 만드는 훌륭한 사람인 것입니다.

성민이는 그런 아빠가 자랑스러웠습니다.

성민이는 차창 문을 활짝 열고 모든 사람들이 다 들도록 크게 소리쳤습니다.

"우리 아빠 최고다! 우리 아빠 파이팅!"

생 / 각 / 주 / 머 / 니

최선을 다하는 사람들

　　세상은 나보다 남을 조금 더 생각해 주는 분들이 있기에 더욱 아름답습니다.
　　우리가 평소에 즐겁고 편안하게 생활할 수 있는 건 고마운 분들의 수고 덕분이지요.
　나라를 지켜 주시는 군인 아저씨, 질서를 바로잡아 주시는 경찰관 아저씨, 거리를 깨끗이 청소해 주시는 환경 미화원, 그리고 소방관 아저씨 등등…….
　하지만 가만히 생각해 보면 그분들뿐만 아니라 세상 모든 사람들이 각자의 자리에서 충실히 제 몫을 하기 때문에 우리 모두가 행복할 수 있는 것입니다.
　밀가루를 싣고 가던 트럭 운전수와 시멘트를 싣고 가던 트럭 운전수가 고속 도로를 달리다 휴게소에 들렀습니다.
　그런데 그들은 화장실에 갔다 와서 그만 트럭을 서로 바꿔 타고 말았습니다.

'에라, 알게 뭐냐? 난 그냥 운전만 하면 그만인걸.'

이렇게 생각한 두 사람은 무턱대고 트럭을 몰아 목적지로 갔습니다. 밀가루 트럭은 벽돌 공장으로, 시멘트 트럭은 빵 공장으로 가게 되었지요.

그런데 공장 기술자 역시 재료가 잘못 온 걸 알면서도 '에라, 모르겠다.' 할 뿐이었습니다. 그래서 빵 반죽에는 시멘트가, 벽돌 반죽에는 밀가루가 들어가게 되고 말았지요.

결국 이렇게 해서 시멘트로 만들어진 빵을 먹은 사람들은 이가 부러지고 배 앓이를 했으며, 밀가루로 만든 벽돌집들이 여기저기에서 무너져 내렸답니다.

작은 친절

노부인은 문득 아까 자신을 도와 준 낡은 트럭 운전사를 떠올렸습니다. 노부인은 자기가 낡은 트럭 운전사에게 진 빚을, 그에 대한 고마움을 그녀에게 갚아야겠다는 생각이 들었습니다.

보람이네 아빠는 요즘 너무나 지쳐 있습니다. 하루 종일 낡은 트럭을 끌고 일거리를 찾아다녔지만 모두 허탕이었지요.

'오늘도 빈손으로 집에 들어가야겠군. 보람이랑 보람이 엄마 얼굴을 어떻게 보나?'

유치원에 다니는 보람이는 이제 겨울만 지나면 초등 학교에 입학하게 됩니다. 아내는 집 근처 분식집에서 허드렛일을 하고 있는데, 몇 달 후면 뱃속에 있는 아기도 태어나 한 식구가 늘게 될 것입니다.

가난한 살림에 돈 들어갈 곳은 태산 같지만, 보람이 아빠는 벌써 몇 달째 일거리를 찾지 못하고 있었습니다.

공장이 문을 닫은 후, 보람이 아빠는 밀린 월급 대신 낡은 트럭을 한 대 받았습니다. 그래도 그건 운이 아주 좋은 경우였습니다.

어떤 사람은 그것조차도 받지 못하고 회사를 그만두어야 했으니까요. 그러나 낡은 트럭으로 가족들의 생계를 이어 가는 것은 너무나 힘든 일이었습니다.

'오늘따라 왜 이렇게 춥지? 눈까지 퍼붓고 말이야.'

낡은 트럭이라서 문틈으로 찬바람이 휭휭 새어 들어왔습니다. 거리에는 굵은 눈송이들이 펑펑 쏟아지고 있었습니다.

그렇게 한참을 달리고 있을 때였습니다. 한 노부인이 길가에 차를 세워 두고 발을 동동 구르며 서 있는 것이 보였습니다.

'이런, 차가 고장난 모양이군.'

보람이 아빠는 길가에 차를 세우고 노부인에게 천천히 다가갔습니다. 노부인은 자기를 향해 걸어오는 남자를 보고 반갑기보다는 먼저 두려움을 느꼈습니다.

헝클어진 머리와 마구 자란 긴 수염, 게다가 허름한 옷차림을 하고 있는 남자가 혹시라도 자기를 해칠지 모른다는 생각 때문이었습니다.

그러나 보람이 아빠는 그런 노부인의 표정에는 아랑곳하지 않고 자동차 곁으로 다가갔습니다. 살펴보니 다이어에 펑크가 나 있었습니다.

"타이어를 갈아 끼워야겠군요. 트렁크에 비상용 타이어가 있나요?"

노부인은 추위에 떨면서 조용히 고개를 끄덕였습니다.

"타이어를 갈아 끼울 동안 제 차에 타고 계시죠. 날이 춥습니다. 낡은 차지만 바깥보다는 나을 겁니다."

보람이 아빠는 이렇게 말하고는 타이어를 갈아 끼우기 시작했습니다. 추운 날씨에 작업을 하느라 손에 몇 군데 상처가 나고, 옷과 손이 기름때로 더러워졌습니다.

마침내 타이어를 다 갈아 끼운 보람이 아빠는 걱정스러운 듯 바라보고 있던 노부인에게 다가갔습니다.

"다 끝났습니다. 그럼……."

노부인은 고개를 숙이고 인사를 했습니다.

"이거 어떻게 감사를 드려야 할지……. 조그만 사례를 하고 싶은데……."

노부인은 핸드백을 열어 지갑을 꺼냈습니다. 하지만 보람이 아빠는 서둘러 자신의 낡은 트럭에 올라타며 말했습니다.

"사례라뇨, 당치도 않으십니다. 다음에 부인처럼 도움이 필요한 사람들을 보게 되시거든 그냥 지나치시지 말고 도와 주세요. 사례는 그걸로 충분합니다."

보람이 아빠는 그렇게 말하고는 길을 떠났습니다.

노부인은 낡은 트럭의 뒤꽁무니를 바라보며, 저렇게 착한 사람을 잠깐이나마 의심했던 자신을 부끄럽게 생각했습니다.

'저 사람이 아니었다면 이렇게 추운 날씨에 꼼짝도 하지 못했을 거야. 다른 차들은 모두 길가에 서 있는 나를 보고 그냥 지나쳤

는데…….'
　노부인은 가슴이 따뜻해지는 걸 느꼈습니다. 흐뭇한 마음으로 운전을 하던 노부인의 눈에 작은 분식집 하나가 보였습니다.
　'저기 가서 따끈한 우동이라도 한 그릇 먹고 가야겠군.'
　노부인은 차를 세우고 안으로 들어갔습니다. 그리고 난롯가에 자리를 잡고 앉아 우동 한 그릇을 주문했습니다.
　그런데 그 곳에서 일하는 종업원 아주머니는 먼저 따뜻한 물 한 잔과 수건을 가져오는 것이었습니다.
　"눈을 많이 맞으셨네요. 일단 이 수건으로 좀 닦으세요. 제가 금방 따끈한 우동을 가져다 드리겠습니다."
　노부인은 상냥하게 웃으며 걸어가는 그 종업원을 가만히 살펴보았습니다. 배가 불룩한 것이 아기를 낳을 때가 다 된 것 같은데 얼굴 가득 웃음을 잃지 않고 열심히 일하고 있었습니다.
　하지만 노부인에게는 그녀의 얼굴 어딘가에 자리한 커다란 근심과 걱정이 엿보였습니다.
　'여러 모로 힘이 들 텐데, 참으로 친절한 사람이구나.'
　이런 생각을 하다가 노부인은 문득 아까 자신을 도와 준 낡은 트럭 운전사를 떠올렸습니다. 노부인은 자기가 낡은 트럭 운전사에게 진 빚을, 그에 대한 고마움을 그녀에게 갚아야겠다는 생각이 들었습니다.
　노부인은 우동을 다 먹은 후 계산대로 가서 백만 원짜리 수표를 내밀었습니다. 작은 분식집에서 이처럼 큰돈을 내밀다니, 종업원은 여간 난처하지 않을 수 없었습니다. 하지만 그녀는 아무런 불평도 하지 않았습니다.

"죄송하지만 잠시 기다려 주세요. 근처 은행에 가서 돈을 바꿔 올게요."

그러고 나서 종업원은 문을 열고 나갔습니다. 그 사이에 노부인은 얼른 차를 몰고 집으로 향했습니다.

은행에 다녀온 종업원은 노부인이 사라진 걸 알고 깜짝 놀랐습니다. 그녀는 조금 전 노부인이 앉았던 식탁으로 갔다가 그 위에 놓인 쪽지 하나를 발견했습니다.

누군가가 저에게 베풀어 준 친절에 대한 선물입니다.
제가 어려움에 처해 있을 때, 저는 어떤 분의 도움으로 그 상황을 벗어날 수 있었지요.
아마도 당신 역시 큰 어려움을 겪고 있는 듯한데, 저의 보잘것없는 선물이 그 어려움을 이기는 데 조금이나마 힘이 되었으면 합니다.

하루 일을 마친 종업원 아주머니는 밤이 늦어서야 집으로 돌아왔습니다. 남편과 딸아이는 자신을 기다리다 벌써 잠이 들어 있었습니다.

'그 노부인은 요즘 우리 처지가 한 푼이 아쉬울 때라는 걸 어떻게 알았을까?'

그녀는 왠지 모를 희망으로 가슴이 벅차올라 곤히 잠든 남편의 귓가에 대고 부드럽게 속삭였습니다.

"보람이 아빠! 하루 종일 낡은 트럭을 몰고 일자리 구하러 다니느라 힘들었죠? 하지만 너무 걱정하지 말아요. 이제 모든 게 잘 풀릴 거예요."

생 / 각 / 주 / 머 / 니

솔선수범하는 마음

여러분은 친절한 편인가요?
 다른 사람에게 친절을 베푸는 일은 어쩌면 나를 위한 것이기도 합니다. 따뜻한 마음이 전해지고 또 전해지고, 또 전해지고……. 그러다가 결국 나에게 다시 돌아오니까요.
 옛날에 어느 어질고 현명한 임금님이 있었습니다.
 '과연 우리 백성들은 어떤 심성을 가지고 있을까?'
 임금님은 한밤중에 몰래 궐 밖으로 나가서 큰길에 바윗덩어리 하나를 갖다 놓았습니다.
 아침이 되자 사람들이 그 길을 지나다녔습니다.
 "누가 재수없게 길을 막아 놓은 거야?"
 한 장사꾼은 화를 내며 바윗덩어리를 피해서 지나갔습니다.
 관청에서 일하는 사람은 멀뚱히 쳐다보며 고개만 갸웃거렸습니다.

　기운이 넘쳐 보이는 한 젊은이는 바윗덩어리를 발로 한번 툭 차 보고는 그냥 지나갔습니다.

　그 때 짐을 잔뜩 짊어진 한 농부가 나타났습니다.

　"이런! 바윗덩어리가 길 한복판에 있으니 사람들이 불편하겠군."

　농부는 낑낑거리며 바위를 길 옆으로 치웠습니다. 그런데 그 자리에는 돈과 편지가 든 주머니가 있었습니다.

　'이 돈은 바윗덩어리를 치운 분의 것입니다.'

　물론 그것은 임금님이 써 놓은 것이었습니다.

　남을 위해 작은 친절을 베푼 농부에게 기쁨이 찾아온 것입니다.

　남에게 대가 없이 친절을 베풀 줄 아는 따뜻한 마음씨, 그것이 바로 행복이랍니다.

작은 관심

너와 함께 웃고 이야기하는 사이에 생각이 달라졌어. 살아야겠다고 말이야. 세상의 따뜻함을 살짝 맛본 듯해서 죽어야겠다는 생각이 확 달아나 버린 거야. 넌 내 생명을 구했어.

    현이는 중학생입니다. 지방에서 전학 온 지 얼마 되지 않아 학교 안에는 친구가 별로 없었습니다.
    어느 날, 수업이 끝나자마자 현이는 일찌감치 가방을 챙겨 교문을 나섰습니다.
    그런데 앞서 가던 한 아이가 그만 발을 헛디뎌 넘어지는 광경을 보게 되었습니다. 그 바람에 그 아이가 들고 있던 물건들이 와르르 길바닥에 흩어졌습니다.
    책과 연필, 야구공과 미술 도구들, 작은 카세트 등등. 아마도 학교에 있던 자기 물건들을 모두 집으로 가져가는 모양인지 짐이 꽤 많았습니다.
    현이는 얼른 달려가서 허리를 숙이고, 그 아이가 물건을 챙기는 것을 도와 주었습니다.
    "고마워, 그럼……."
    짐을 다 챙기고 나서 그 아이는 현이를 향해 간단하게 인사한 뒤, 다시 갈 길을 재촉했습니다.
    현이도 자기 집 쪽을 향해 걸어갔습니다. 그런데 아마도 집이 같은 방향인 모양이었습니다. 두 사람은 같은 방향으로 걸어가서 횡단 보도를 건넜습니다.

"이리 줘. 내가 좀 들어 줄게."

현이는 그 아이가 들고 있던 짐 중에서 하나를 나눠 들었습니다.

"내 이름은 현이라고 해, 김현. 너도 저 아파트에 사니?"

현이는 멀찍이 보이는 아파트 단지를 가리키며 물었습니다.

"응."

"나는 104동인데 너는?"

"……207동."

"우리 집보다 조금 멀구나. 내가 집까지 같이 들어다 줄게."

그렇게 나란히 걸어가면서 이런저런 이야기를 나누는 동안, 현이는 그 아이의 이름이 경수라는 걸 알았습니다. 그리고 미술반 활동을 하고 있고, 그래서인지 미술 과목을 가장 좋아하며, 다른 공부에는 별 흥미가 없다는 것도 알았습니다.

현이는 아까부터 경수의 얼굴이 왠지 시무룩해 보인다고 생각했습니다.

"혹시 너 무슨 고민 있니?"

현이가 묻자 경수는 한동안 말이 없었습니다. 그러다가 결심한 듯 입을 열었습니다.

"사실은 며칠 전에 여자 친구랑 헤어졌거든……."

그렇게 말하는 경수의 눈가에는 촉촉이 이슬이 맺히는 듯했습니다. 아마도 둘이서 무척 좋아했는데, 헤어지고 나서 마음에 큰 상처를 입은 모양이었습니다.

"저런, 안됐구나. 하지만 그럴수록 더 힘을 내야지."

현이는 경수를 위로해 주기 위해 그렇게 말하고는 미소를 지어 보였습니다.

현이는 경수를 따라 그의 집으로 갔습니다. 경수는 시원한 음료수를 대접해 주었고, 둘은 함께 과자를 먹으면서 컴퓨터 게임을 했습니다. 이런저런 이야기를 나누며 재미있는 시간을 보낸 뒤에 현이는 자기 집으로 돌아갔습니다.

그 후 두 친구는 종종 학교에서 마주쳤습니다. 둘은 점심을 함께 먹기도 하고, 일대일 농구를 하기도 했습니다. 그렇게 중학교 시절을 보낸 두 사람은 우연히 같은 고등 학교에 들어가게 되었습니다. 물론 그 뒤로도 자주 함께 시간을 보내면서 변함없는 우정을 이어 나갔습니다.

마침내 두 사람이 고등 학교를 졸업할 때가 되었습니다. 고등 학교를 다니는 동안 현이는 꾸준히 성적이 올라 우등상을 타게 되었고, 경수는 미술반 활동을 열심히 해서 곧 이름난 미술 대학에 들어가게 되었습니다.

졸업식을 마친 뒤 경수가 현이네 집을 찾아왔습니다. 경수는 몇 년 전 두 사람이 처음 만났던 때를 이야기하면서 현이에게 물었습니다.

"현이야, 그 날 내가 왜 그렇게 많은 물건들을 들고 집으로 가고 있었는지 아니?"

현이는 곰곰이 생각해 보았지만 그 이유는 알 수 없었습니다.

"글쎄……?"

"그 때 난 학교 사물함에 있던 내 물건들을 전부 치웠던 거야. 내 잡동사니들을 다른 사람들에게 남겨 두고 싶지 않았거든. 사실 그 날 난 자살을 하려고 마음먹었었어."

"뭐, 뭐야?"

현이는 깜짝 놀랐습니다.

경수는 입가에 웃음을 지으며 말했습니다.

"여자 친구랑 헤어진 다음 나는 너무나 괴로워서 견딜 수가 없었어. 지나고 나면 별것도 아닌 일인데, 그 때는 세상이 다 무너지는 것만 같았지. 그래서 그림이고 뭐고 다 필요 없이 그냥 죽고만 싶었던 거야. 그 때 난 이미 수면제까지 잔뜩 모아 놓았었어……."

"음, 그랬구나. 난 전혀 몰랐어."

"그런데 너와 함께 웃고 이야기하는 사이에 생각이 달라졌어. 살아야겠다고 말이야. 세상의 따뜻함을 살짝 맛본 듯해서 죽어야겠다는 생각이 확 달아나 버린 거야. 그리고 오늘 문득, 만약 그 때 내가 자살을 했다면 이런 소중한 순간을 갖지 못했을 것이고, 또 다른 좋은 시간들도 갖지 못했을 것이란 생각이 들었어. **현이야, 네가 그 날 길바닥에 떨어진 내 물건들을 주워 주었을 때 넌 정말 큰일을 한 거야. 넌 내 생명을 구했어.**"

경수는 고맙다고 말하며 자기가 그린 그림 한 장을 선물했습니다. 현이와 경수가 함께 짐을 나눠 들고 걸어가며 웃고 있는 그림이었습니다.

"아마 내가 유명한 화가가 되면 이 그림이 최고의 명작이 될 거야."

생 / 각 / 주 / 머 / 니

뜨거운 관심

여러분에게는 친구가 몇 명이나 있나요? 친구는 같은 또래이기 때문에 내 마음을 가장 잘 이해해 줍니다. 우리가 어른들에게 털어놓지 못할 고민이 있을 때 가장 먼저 떠오르는 것이 바로 친구이지요.

또 어려울 때에는 의리를 발휘해서 기꺼이 도움을 주기도 해요.

그런데 우리 주변을 보면 종종 친구 하나 없는 외톨박이도 있어요. 하지만 그런 친구에게도 한 가지씩은 장점이 있답니다.

내가 먼저 관심을 보여 주고 장점을 찾아 용기를 북돋아 준다면 그 아이에게 힘을 실어 주고 아마 둘도 없는 좋은 친구가 될 거예요.

만약 내가 누군가의 친구가 되고 싶다면 어떻게 해야 할까요?

그것은 바로 친구의 말을 잘 들어 주는 것입니다.

상대방의 이야기에 가만히 귀 기울여 들어 주는 것은 때로 백 마디의 좋은 말을 하는 것보다 더 효과적이랍니다. 그리고 상대방에

대해 많은 것을 알 수 있는 계기가 되어 더욱 가까워질 수 있겠지요.

친구를 사귈 때 또 하나 생각해 볼 것이 있습니다.

많은 친구를 사귀는 것보다는, 단 한 명이라도 좋으니 진실한 친구를 사귀는 것이 더 중요하다는 것입니다.

물론 그러기 위해서는 내가 먼저 진실한 마음으로 다가서야겠지요.

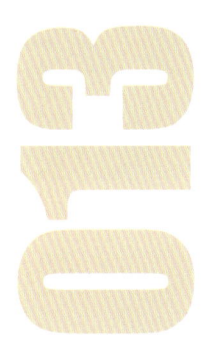

조장 아저씨의 도시락

그제야 민수는 깨달았습니다. 그 동안 조장 아저씨는 배를 곯는 민수를 위해 일부러 두 사람 몫의 도시락을 손수 준비해 왔다는 것을. 그리고 민수가 부끄럽게 여기지 않도록 거짓말을 해 왔다는 것을……

민수는 고아입니다. 물론 그를 돌봐 주는 사람이 아무도 없기 때문에 민수는 매일 가난과 씨름해야 했습니다.

하지만 그렇게 힘든 생활 속에서도 민수는 절대로 희망과 용기를 잃지 않았습니다.

'나는 무슨 일이 있어도 대학에 들어갈 거야. 그래서 장차 훌륭한 사람이 될 거라고!'

이런 꿈을 마음 속에 품고 있었기 때문에 민수는 어떤 어려움도 참고 이겨 낼 수 있었습니다. 민수는 그 꿈을 실현하기 위해 열심히 공부했습니다. 그러다 보면 언젠가는 자신의 꿈을 이룰 수 있을 것이라고 굳게 믿고 있었습니다.

그렇게 몇 년을 노력한 끝에 민수는 드디어 그토록 바라던 대학에 합격할 수 있었습니다.

합격 소식을 듣자마자 그는 그가 살던 지방을 떠나 서울로 올라왔습니다. 기숙사에 들어갈 생각이었기 때문입니다.

하지만 기숙사는 정식으로 입학한 후에나 들어갈 수 있다는 말을 듣고 고민에 싸이고 말았습니다.

'바보같이 앞뒤도 생각하지 않고 덜컥 서울로 올라와 버리다니……. 어떻게든 입학할 때까지 묵을 곳을 찾아봐야겠어.'

하지만 서울에는 민수가 아는 사람이 한 명도 없었습니다. 더군다나 주머니 사정도 변변치가 않으니 여관 같은 데에서 잠을 자기란 턱도 없는 일이었습니다.

민수는 하루 종일 이리저리 헤매 다닌 끝에 운 좋게도 서울 근교에 있는 조그만 농장에서 일자리를 얻을 수 있었습니다. 게다가 그곳에서 일을 하면서 잠자리도 해결할 수 있게 되었습니다. 이제 민수는 남부러울 것이 없었습니다.

열심히 공부한 끝에 남들이 가고 싶어하는 대학에도 합격했고, 잠자리와 돈벌이를 동시에 해결할 수 있는 일자리까지 얻었으니까요.

민수는 대학생이 되어 그 동안 꿈꿔 온 새로운 인생을 시작할 수 있다는 생각에 잠자리가 불편한 줄도 몰랐습니다.

민수는 대학 강의가 시작되기 전까지 농장으로 일을 나갔습니다. 하지만 막상 일을 시작하자 고민거리가 생겼습니다.

그 농장에서는 일꾼들이 각자 도시락을 싸 와서 점심을 해결했는데, 민수는 도시락을 싸 올 형편이 못 되었기 때문입니다.

결국 민수는 다른 일꾼들이 도시락을 먹는 동안 혼자서 후미진 곳에 숨어 있어야 했습니다.

도시락을 준비하지 못한 민수는 아침부터 신나게 일하다가도 점심 생각만 하면 가슴이 답답해져 오곤 했습니다.

 그러던 어느 날이었습니다. 조장 아저씨가 점심을 먹다 말고 이렇게 말하는 것이었습니다.
 "아니, 이런 바보 같은 마누라가 있나! 내가 무슨 돼지라고 도시락을 두 개씩이나 싸 주는 거야?"
 그러면서 여러 사람들을 향해 큰 소리로 외쳤습니다.
 "어이, 누구 도시락 좀 같이 먹어 줄 사람 없어?"

수돗가에서 물을 벌컥벌컥 마시며 허기를 채우던 민수는 귀가 솔깃해졌습니다. 그냥 얻어먹는다고 생각하면 좀 창피하겠지만 어차피 남는 음식을 먹어 준다고 생각하니 그리 부끄러울 것도 없었기 때문입니다.

운 좋게도 민수는 그 날 점심을 그렇게 해결할 수 있었습니다. 그런데 그 다음 날도 조장 아저씨는 어제처럼 소리를 질렀습니다.

"어휴, 이런 바보 같은 마누라 좀 보게. 오늘 또 이렇게 밥을 잔뜩 쌌잖아? 어이, 누구 도시락 좀 같이 먹어 줄 사람 없어?"

그 다음 날도, 또 그 다음 날도 조장 아저씨는 점심 시간마다 똑같은 소리를 계속했습니다. 그럴 때마다 민수는 조장 아저씨의 부인에게 그저 고마울 따름이었습니다.

그렇게 한 달이 넘는 기간 동안 민수는 별다른 부담 없이 점심을 해결할 수 있었습니다. 드디어 입학식날이 다가왔습니다.

민수는 농장 일을 그만두고 대학 기숙사로 떠나게 되었습니다. 민수는 조장 아저씨에게 고맙다는 인사를 하려고 농장 구석구석을 찾아다녔습니다.

하지만 조장 아저씨의 모습은 어디에도 보이질 않았습니다. 하는 수 없이 민수는 사무실 경리 아가씨를 찾아가 자기 대신 조장 아저씨에게 인사를 전해 달라고 부탁했습니다. 그러고는 덧붙여 이렇게 말했습니다.

"조장 아저씨 부인께도 인사를 전해 주세요. 덕분에 제가 점심을 해결할 수 있었거든요."

그러자 경리 아가씨는 고개를 갸우뚱하며 중얼거렸습니다.
"이상하다, 그럴 리가 없는데요. 그 사모님은 벌써 몇 해 전에 돌아가셨는데……?"
"아아……."
그제야 민수는 깨달았습니다. 그 동안 조장 아저씨는 배를 곯는 민수를 위해 일부러 두 사람 몫의 도시락을 손수 준비해 왔다는 것을. 그리고 민수가 부끄럽게 여기지 않도록 하려고 그렇게 능청스레 거짓말을 해 왔다는 것을……

생 / 각 / 주 / 머 / 니

노력에게 주는 사랑의 상

　비록 어려운 환경이지만 그것을 탓하지 않고 늘 열심히 노력하는 청년의 모습이 멋집니다.
　그렇기 때문에 주변 사람들도 그를 기특하게 여기고 도움을 주는 것이겠죠.
　1828년 러시아에서 아주 못생긴 아이가 태어났습니다.
　아이는 자라면서 자신의 펑퍼짐한 코와 두꺼운 입술, 빼꼼한 눈을 보며 늘 이렇게 생각했습니다.
　'이렇게 못생긴 얼굴로는 영영 행복해지지 못할 거야.'
　게다가 그는 부모님까지 여의고 친척집에 얹혀 살아야 했지요. 소년은 희망이 없는 하루하루를 보냈습니다. 그러던 중 소년은 한 가지 중요한 사실을 깨달았습니다.
　'행복이란 나의 생김새나 내가 처한 환경에 있는 것이 아니야. 행복은 바로 마음 속에 있는 거지.'
　소년은 자신이 잘할 수 있는 일이 무엇인지 생각해 보았습니다.

　소년은 자신이 글을 쓸 때 가장 즐겁다는 것을 알게 되었습니다. 그리고 그 때부터 열심히 글을 쓰는 일에 몰두하기 시작했습니다.
　마침내 소년은 아주 유명한 작가가 되었는데, 그가 바로 《전쟁과 평화》를 쓴 톨스토이입니다. 자신의 처지를 한탄하는 대신 미래를 위해 참고 노력한 톨스토이에게 멋진 상이 주어진 것입니다.
　불은 쇠를 단련시키고, 역경은 사람을 단련시킨다고 했습니다.
　성공과 승리, 그것은 늘 꾸준히 노력하는 사람들의 것이랍니다.

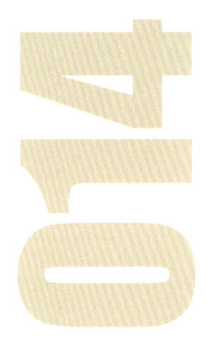

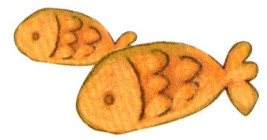

세상에서 제일 맛있는 붕어빵

아저씨는 틀에 있는 붕어빵을 뒤집을 때마다 그 하나하나에 정성스럽게 성호를 그었습니다. 은실이는 그 모습이 한편으로는 재미있기도 해서 호호호 웃었습니다.

　은실이는 대입 시험을 준비하는 고등 학교 여학생입니다. 은실이네 동네 골목 입구에는 붕어빵을 파는 조그만 포장 마차가 있습니다. 다른 집 붕어빵에 비해 맛도 모양도 별다를 것이 없었지만, 그 집은 동네에서 아주 유명한 곳이었습니다.

　그 집은 더운 여름에도 추운 겨울에도 언제나 문을 닫는 법이 없었습니다. 밤 늦도록 도서관에서 공부를 하다가 집으로 돌아갈 때면, 은실이는 언제나 그 포장 마차 앞에서 풍겨 오는 고소한 붕어빵 냄새에 끌려 발길을 멈추곤 했습니다.

　도서관에 파묻혀 몇 시간이고 책과 씨름을 하다 보면, 이 때쯤 뱃속에서 꼬르륵 소리가 나게 마련이지요.

　오늘도 은실이는 집으로 가는 길에 어김없이 친구와 붕어빵을 사 먹으려고 포장 마차로 들어섰습니다.

　"어서 오세요!"

　오늘도 어김없이 이렇게 큰소리로 손님을 맞이하는 것은 아저씨의 꼬맹이 아들이었습니다. 초등 학교 3학년쯤 돼 보이는 아들은 늘 아저씨 곁에서 그렇게 큰 소리로 손님을 맞이했습니다.

"아저씨, 붕어빵 이천 원어치 주세요."

"예, 아가씨들. 조금만 기다려 주세요."

아저씨는 서둘러 붕어빵 구울 준비를 합니다.

아저씨는 붕어빵을 미리 구워 놓지 않습니다. 손님이 오면 그때그때 팔 만큼만 바로바로 굽지요. 시간이 좀 걸리더라도 금방 구워 낸 따끈따끈한 붕어빵을 팔기 위해서랍니다.

처음엔 기다리는 시간이 짜증스럽기도 했지만, 고소하고 아삭아삭한 붕어빵 맛을 보면 그 마음은 눈 녹듯이 사라집니다.

아저씨는 익숙한 솜씨로 반죽을 틀에 뿌리고, 단팥을 듬뿍 넣은 다음, 또 반죽을 뿌리고, 적당한 시간에 맞춰 틀을 뒤집습니다.

늘 똑같은 일을 하지만 아저씨의 모습은 언제나 즐거워 보입니다. 그리고 **빵을 구울 때면 아저씨가 꼭 마지막에 하는 의식이 있었습니다. 그것은 바로 가슴에 십자가를 긋는 일이었습니다.**

아저씨는 틀에 있는 붕어빵을 뒤집을 때마다 그 하나하나에 정성스럽게 성호를 그었습니다.

은실이는 그 모습이 한편으로는 재미있기도 해서 호호호 웃었습니다. 하지만 은실이 일행보다 늦게 와서 붕어빵을 기다리던 아주머니가 있었습니다. 아주머니는 괜히 성호를 긋느라 기다리는 시간이 더 길어지는 것을 가볍게 탓하는 말투로 웃으며 말했습니다.

"아이구, 아저씨. 하루 종일 서서 일하는 것도 힘드실 텐데, 뭐 하러 매번 그런답니까? 팔도 안 아프세요?"

그러자 아저씨는 껄껄 웃으며 말했습니다.

"아프긴요. 이렇게 붕어빵을 사 가시는 분들이 있으니까, 제가 이 아들놈이랑 행복하게 살 수 있는 것 아니겠습니까? 비록 보잘것없는 붕어빵이지만 이걸 드시는 모든 분들께 축복이 함께 하기를 기도한답니다."

이 집의 붕어빵이 특별한 이유는 바로 그런 정성에 있었던 것이었습니다. 아저씨는 붕어빵을 건네 주며 맛있게 먹으라는 말 또한 잊지 않으셨습니다.

"고맙습니다. 안녕히 가세요."

아저씨의 아들은 이번에도 씩씩하게 인사를 했습니다.

은실이는 붕어빵 봉지를 들고 집으로 향했습니다. 입에서 살살 녹는 붕어빵의 맛도 그만이었지만 아저씨의 따뜻한 마음이 전해지는 것 같아 기분이 좋았습니다.

이렇게 특별한 붕어빵의 맛은 그 어떤 값비싼 음식과도 비교가 되질 않겠죠?

생 / 각 / 주 / 머 / 니

다른 사람을 위하는 마음

여러분은 언제 가장 큰 행복을 느끼나요?

혼자만의 여유, 혼자만의 편안함을 느낄 때이기도 하겠지만 남을 위해 무엇인가를 할 때 우리는 더욱 큰 행복을 느낄 수 있답니다.

소설과 우화 등 여러 가지 글을 무려 백 편이나 쓴 사람이 있습니다.

전쟁이 터져 군대에 들어가게 된 그는 전쟁에서 패하는 바람에 포로가 되어 감옥 신세를 져야 했지요. 감옥에 갇힌 사람들은 모두 희망을 잃은 채 하루하루를 죽은 목숨인 듯 살아갔습니다.

그러나 그는 절망하지 않고 열심히 글을 썼습니다.

그는 무엇보다도 함께 감옥에 갇혀 생활하는 사람들에게 용기와 희망을 주기 위해 글을 써서 보여 주었습니다.

사람들은 그의 글을 읽고 기쁨을 얻을 수 있었습니다.

훗날 그는 감옥에서 나온 뒤 그 동안 썼던 글을 모아 세상에 내 놓

앉습니다. 그의 책은 사람들에게 많은 사랑을 받았습니다.

그의 이름은 바로 '세르반테스'이고, 그가 발표한 책은 《돈 키호테》입니다.

남을 위한 일은 결국 자신의 행복을 위한 일이기도 합니다.

남을 위한다는 것이 결코 거창한 것은 아니에요. 지금 이 순간 내가 할 수 있는 가장 작은 일에서부터 시작되는 것이니까요.

친 / 절 / 실 / 천

진심에서 나오는 친절은 상대방의 마음을 얻을 수 있는 제일 쉬운 방법이에요. 친절한 사람 주변에는 친구도 아주 많답니다. 누구나 친절을 베풀 수 있지만 어느 날 갑자기 친절한 사람이 될 수 있는 것은 아니에요. 작은 친절부터 실천하는 연습이 필요해요.

① **친절은 미소에서부터 시작되요**

따뜻한 미소는 차갑게 얼어붙은 마음도 녹일 수 있는 힘이 있어요. 아침에 집을 나서며 엘리베이터에서 만나는 이웃들에게, 길을 가다가 그냥 지나쳤던 동네 꼬마들에게 미소를 지어 보세요.
내가 지은 미소보다 더 환한 미소가 되어 돌아올 거예요.

② **내가 받았던 친절을 다른 사람에게도 베풀어요**

누군가 나에게 친절을 베풀었을 때의 기분을 떠올려 보세요. 그리고 내가 받았던 친절을 다른 사람에게도 똑같이 베풀어 주세요. 친절은 꼭 받은 사람에게 돌려줘야 하는 것은 아니에요. 친절이 꼬리에 꼬리를 물고 퍼져나갈 때 세상은 더욱 따뜻해질 거예요.

③ 친절은 기분 좋을 때만 하는 게 아니에요

친절했던 사람이 어느 날은 퉁명스럽게 행동할 때가 있어요. 기분 좋을 때 하는 친절은 누구나 할 수 있지만, 내가 힘들고 귀찮을 때에도 친절을 실천해야 해요. 좋을 때만 하는 친절은 상대방의 기분을 상하게 할 수도 있으니까요.

④ 친절한 한 마디를 잊지 마세요

말 한 마디에도 친절이 숨어 있어요. 몸이 아픈 친구에게 "좀 어떠니?" 하고 묻는 것, 늦게 들어오신 아빠에게 "아빠, 오늘 힘드셨죠? 힘내세요." 하고 말하는 한 마디에도 상대방을 기분 좋게 하는 친절이 담겨 있답니다. 여러분도 따뜻한 말 한 마디를 전할 줄 아는 사람이 되세요.

Love
self-sacrifice
love

#4
희생

I love you

015 고물장수 아저씨와 눈먼 소녀
생각 주머니 | 마음의 눈으로 보기

016 누군가에게 좋은 일
생각 주머니 | 베풀 줄 아는 마음

017 마음까지 달콤해지는 사탕
생각 주머니 | 이웃을 위한 사랑

018 달걀 도둑
생각 주머니 | 어머니의 사랑

♥ 희생실천

self-sacrifice

015 고물장수 아저씨와 눈먼 소녀

눈먼 소녀와 박씨는 친구가 되었습니다. 고물을 줍는 일에만 매달리던 박씨의 고달픈 생활에 새로운 기쁨이 샘솟기 시작했습니다. 언제나 외톨이였던 소녀의 얼굴에도 환한 미소가 떠나지 않았습니다.

고물이 가득 담긴 리어카를 끌고 박씨가 골목길을 지나갑니다. 그 때 저만치서 동네 아이들이 다가오고 있습니다.

아이들은 박씨를 보고는 이내 소리를 지르며 달아나 버립니다.
"으악, 괴물이다!"
"괴물이 또 나타났다!"
멀리 사라져 가는 아이들을 보는 박씨의 마음은 너무도 아픕니다.
'날 보고 괴물, 괴물이라고……?'
박씨는 어린 시절의 일이 떠올랐습니다.
 깊은 잠에 빠져 있던 어느 날 밤이었습니다. 난데없는 불난리에 집 안은 아수라장이 되고 자다 놀란 동네 사람들이 달려와 허둥지둥 물을 뿌려댔지만 불길은 잡히지 않았습니다. 어린 박씨는 활활 타

오르는 불길 속에서 두려움과 뜨거움에 몸서리치며 목이 터져라 소리를 질러대고……. 그러다가 연기 때문인지 어린 박씨는 깜빡 정신을 잃었는데, 깨어나 보니 어느 새 병원이었습니다.

안타깝게도 박씨의 부모님은 그 때의 화재로 세상을 떠나고 말았지요. 그리고 어린 박씨는 화상을 입어 이렇게 흉측한 얼굴이 되고만 것입니다.

그 때부터의 고통이란 이루 다 말로 할 수 없는 것이었습니다. 박씨를 보살펴 줄 가까운 친척도 없던 터라 어린 박씨는 고아원으로 보내졌고, 학교에서는 늘 부모 없는 자식이라고 놀림을 받아야 했습니다.

무엇보다도 괴로운 것은, 흉한 얼굴 때문에 아무도 자신을 가까이 하려 하지 않는 것이었습니다. 그런데 그런 가운데에서도 그가 힘을 낼 수 있게 해 준 등불 같은 것이 하나 있었습니다. 그것은 의사 선생님의 짧은 말 한 마디였습니다.

"너무 슬퍼하지 말거라. 너는 나중에라도 수술만 하면 예전의 모습으로 돌아갈 수 있어."

그 때부터 박씨는 어른이 된 지금까지 리어카를 끌고 동네를 돌아다니며 폐품을 모아 고물상에 팔기 시작했습니다. 사회에서는 버려진 걸인과 다름없는 가난뱅이였지만, 열심히 돈을 모아 수술을 받겠다는 일념으로 어려운 세상을 이겨 나가고 있었던 것입니다.

'그래, 누가 뭐라든 상관없어. 그저 열심히 내 일만 하면 그만이지. 이제 조금만 더 돈을 모으면 나도 수술을 받을 수 있어!'

사람들의 차가운 시선이 느껴질 때마다 박씨는 입술을 깨물며 마음을 다잡았습니다.

그 날도 박씨는 아이들이 자신의 흉한 얼굴을 보고 놀라 도망가 버린 텅 빈 거리를 묵묵히 걸어갔습니다. 그런데 뜻밖에도 도망가지 않고 남아 있는 한 여자 아이가 눈에 들어왔습니다.

박씨는 소녀에게 천천히 다가가 물었습니다.

"얘야, 너는 왜 나를 보고도 도망가지 않니?"

그러자 여자 아이는 천진난만한 얼굴로 되물었습니다.

"도망이라뇨? 왜 도망가야 하죠?"

"봐라, 내 얼굴이 괴물처럼 생겼잖니. 너는 내가 무섭지도 않니?"

"그래요? 아저씨 얼굴이 괴물처럼 생겼나요? 한 번 보고 싶은데요! 하지만 전 앞을 볼 수가 없어요."

박씨는 가만히 그 소녀를 바라보았습니다. 과연 소녀의 눈은 정상이 아니었습니다. 그냥 보았을 땐 멀쩡한 것 같지만, 자세히 들여다 보니 눈의 초점이 흐릿했지요.

"아저씨는 얼굴이 괴물 같아서 친구도 별로 없겠네요?"

"그래……, 그렇단다."

박씨가 한숨을 내쉬며 말했습니다.

"그럼 저하고 친구할래요? 저도 아이들이 앞을 못 본다고 놀아 주지 않거든요."

박씨의 마음 속에는 따스한 물결이 일렁거렸습니다.

"그럴까? 그럼 우리 정말로 친구할까?"

그 날부터 눈먼 소녀와 박씨는 친구가 되었습니다.

그로 인해 고물을 줍는 일에만 매달리던 박씨의 고달픈 생활에 새로운 기쁨이 샘솟기 시작했습니다. 그리고 그것은 소녀도 마찬가지였습니다. 언제나 외톨이였던 소녀의 얼굴에도 환한 미소가 떠나지 않았습니다.

시간이 지나면서 박씨는 소녀가 부모도 없이 할머니와 단둘이 어렵게 살아가고 있다는 사실을 알게 되었습니다.

그러던 어느 날이었습니다. 마침 비가 주룩주룩 내리는 날이었는데, 리어카를 끌고 골목을 지나가던 박씨는 소녀가 길가에 쓰러져 있는 것을 발견했습니다. 깜짝 놀란 그는 얼른 소녀를 들쳐업고 가까운 병원으로 달려갔습니다.

"이런……. 영양 실조에다가 비까지 맞아서 기력을 잃고 쓰러졌군요. 하지만 곧 괜찮아질 겁니다."

의사가 말을 이었습니다.

"그런데 이 아이와는 어떤 관계죠? 이 아이는 할머니와 단둘이 살고 있는 걸로 아는데요."

아마도 의사는 이 소녀에 대해 익히 알고 있는 모양이었습니다. 박씨는 조심스럽게 소녀와 친해지게 된 사정을 말했습니다.

"그렇군요. 어쨌든 참 안타까운 일입니다. 이 아이는 지금이라도 수술을 받으면 앞을 볼 수가 있거든요. 그런데 수술비가 워낙 많이 들어서 엄두를 못 내니 안타까운 일이지요……."

"네? 이 아이가 눈을 뜰 수 있다고요? 도대체 수술비가 얼마나 드는 겁니까?"

그 날 집으로 돌아온 박씨는 잠을 이룰 수가 없었습니다.

'이 돈만 있으면 그 아이가 앞을 볼 수 있어. 그렇지만 이 돈은······.'

그 돈은 10년 넘게 고생해서 모은 박씨의 모든 것이었습니다.

박씨는 그 날 이후로 몇 날 며칠을 일도 나가지 않고 방에만 틀어박혀 있었습니다.

그러던 어느 날, 그는 자신이 모은 돈 모두를 챙겨 들고 어딘가를 다녀왔습니다. 그러고는 평소와 같이 리어카를 끌고 거리로 나섰습니다.

"으아아, 괴물이다!"

"아이고, 죽은 줄 알았는데 다시 살아났나 봐!"

한동안 뜸했던 박씨가 나타나자 동네 아이들이 또다시 소란을 피우며 놀려 댔습니다.

하지만 박씨는 그런 말을 들어도 아무렇지 않다는 듯 빙긋 미소만 짓고는 묵묵히 리어카를 끌었습니다. 그 때 뒤쪽에서 한 여자 아이가 그를 불렀습니다.

"아저씨!"

리어카를 끌던 박씨는 갑자기 우뚝 멈춰 섰습니다. 그리고 천천히 소리가 나는 쪽을 바라보았습니다. 저 멀리 소녀가 박씨를 바라보고 서 있었습니다. 소녀를 바라보는 박씨의 눈가에 따뜻한 눈물이 흘렀습니다.

"아저씨!"

소녀는 박씨를 향해 달려오기 시작했습니다. 소녀의 초롱초롱한 눈동자 속에는 박씨의 흉측한 얼굴이 너무나 아름답게 비치고 있었습니다.

생 / 각 / 주 / 머 / 니

마음의 눈으로 보기

한 남자가 달도 뜨지 않은 어두운 길을 걸어가고 있었습니다.

처음 와 보는 길인 데다 험하기까지 해서 걷기가 무척 힘이 들었습니다. 잔뜩 겁을 먹고서 더듬거리는데, 다행히도 저 앞에서 등불을 든 사람이 나타났습니다.

'휴, 다행이다. 이제 길을 잘 볼 수 있겠군.'

그는 등불 덕분에 불빛이 비치는 길을 살피며 걸어갈 수 있었습니다.

그런데 등불 가까이로 다가간 그는 깜짝 놀랐습니다.

등불을 든 사람은 뜻밖에도 눈먼 사람이었습니다.

"아니, 앞을 보지도 못하시면서 왜 등불을 들고 다니십니까?"

그러자 눈먼 사람이 대답했습니다.

"나야 등불이 필요없지만 다른 이들에게는 꼭 필요하지요."

그 사람은 자신은 비록 앞을 보지 못하지만 다른 이의 마음을 볼

줄 아는 따뜻한 사람이었던 것입니다.

어쩌면 앞의 이야기 속에서도, 소녀는 눈이 보이지 않았기 때문에 마음의 눈으로 박씨의 착한 마음씨를 볼 수 있었는지 모릅니다.

눈으로 볼 수 없는 것들을 마음으로는 볼 수 있으니까요.

또한 박씨도 소녀가 자신에게 베푼 따뜻한 사랑이 있기에 희생으로써 그 사랑에 보답할 수 있었는지 모릅니다.

'희생'은 사랑을 실천하는 가장 큰 방법이니까요.

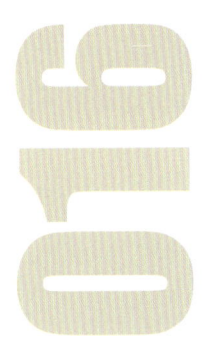

누군가에게 좋은 일

"엄마가 돌아가시기 전에 말씀하셨어요. 남에게 좋은 일을 하면 그보다 몇 배 더 좋은 일이 생긴다고요. 그래서 제가 가진 천 원을 불쌍해 보이는 할아버지를 돕는 데 쓰려는 거예요."

노숙자가 된 곰보 할아버지는 늘 술에 취해 있었습니다. 밤에는 구석진 곳을 찾아 이슬을 피해 잠을 자고, 깨어나면 동네를 돌아다니며 빈 병이나 폐지를 모아 판 돈으로 술을 사 먹곤 했습니다. 그러다 보니 건강은 나빠질 대로 나빠져 있었지요.

그러던 어느 날, 곰보 할아버지는 결국 거리에 쓰러져 경찰에 의해 병원에 실려 가게 되었습니다.

"영감님, 건강이 너무 나빠지셨어요. 이제 집으로 돌아가셔야죠."

할아버지가 깨어나자 옆에서 지켜 보고 있던 경찰관이 말했습니다. 할아버지는 힘없이 고개를 저었습니다.

"그러고 싶지만 나는 돌아갈 집이 없다네. 그러니 나한테 마음쓰지 말고 그냥 밖으로 내보내 주게. 난 병원이 정말 싫어."

할아버지는 말을 마치고 비틀거리며 일어나 병실을 나갔습니다. 그러자 경찰관이 따라나서며 말했습니다.

"의사 선생님 말씀이 영감님 사실 날이 얼마 남지 않았답니다. 앞으로 얼마나 더 사실지 모르지만, 너무 늦기 전에 가족들을 찾아가세요. 인생을 정리하셔야 하잖아요."

"젊은이, 걱정해 주는 마음은 고맙네. 하지만……, 난 여태껏 누군가를 해치거나 나쁜 짓을 한 적이 없으니, 이제 자네와 이렇게 마주 서 있지 않아도 될 듯싶네……."

할아버지가 쓸쓸하게 말하자 경찰관이 대답했습니다.

"누군가에게 해를 끼치지 않았다니 참 잘하신 일입니다. 하지만, 그렇다면 혹시……, 지금까지 누구에게 좋은 일을 한 적은 있으세요?"

경찰관과 헤어진 후 할아버지는 공원 벤치에 앉아 깊은 고민에 빠졌습니다. 아까 말했던 대로 할아버지는 지금까지 아무에게도 해를 끼치며 살지는 않았지요.

그러나 누군가를 위해 좋은 일을 한 적도 없었습니다. 도리어 자신의 삶을 돌아보면 누가 볼까 봐 쥐구멍에라도 숨고 싶을 만큼 부끄러운 삶이었습니다.

할아버지의 귓가에는 젊은 경찰관의 마

지막 말 한 마디가 자꾸만 맴돌았습니다.

'지금까지 누구에게 좋은 일을 한 적은 있으세요?'

"아아, 내가 왜 미처 그런 생각은 못 하고 살았을까? 나도 과연 누군가에게 좋은 일이란 걸 할 수 있을까?"

만약 그럴 수만 있다면, 할아버지는 지금까지의 부끄러운 삶이 아주 조금이나마 떳떳해질 수 있을 것 같았습니다.

할아버지의 주머니에는 만 원짜리 두 장이 있었습니다. 그것은 자기가 죽었을 때 허름한 관값이라도 할 수 있도록 챙겨 가지고 다니는 돈이었습니다. 할아버지는 그 돈을 손에 꼭 쥐고 걸으며 생각했습니다.

'그래, 이 돈으로 누군가에게 좋은 일을 해야지.'

죽음이 바로 눈앞에 다가온 것을 알고 있는 곰보 할아버지의 결심이었습니다.

하지만 늙은 노숙자의 도움을 받으려는 사람은 그 어디에도 없었습니다. 더군다나 곰보 할아버지는 지금 누가 보아도 곧 숨을 거둘 것만 같이 건강이 나빠 보였기 때문입니다.

할아버지는 다시 공원 벤치로 돌아와 쓰러지듯 누웠습니다. 그러고는 이제 마지막 숨을 몰아쉬려 할 때였습니다.

"할아버지, 할아버지!"

누군가 작은 목소리로 자신을 부르는 것이었습니다. 고개를 들고 눈을 떠 보니 열 살 정도 되어 보이는 소녀가 그를 부르고 있었습니다.

"할아버지, 저한테 천 원이 있는데 받아 주시겠어요?"
그 말을 들은 할아버지는 벌컥 화를 내고 말았습니다.
"이 녀석아, 나는 거지가 아니야."
그러나 소녀는 물러서지 않고 말했습니다.
"그러지 말고 제발 받아 주세요. 저는 다섯 살 난 동생하고 둘이 살아요. 부모님은 모두 돌아가셨고요. 그런데 동생이 빨간 불자동차를 갖고 싶다고 자꾸 졸라요. 제가 가진 돈은 이게 전부인데 말예요."
"그래? 그런데 그 돈까지 나에게 줘 버리면 어떡하려고?"
할아버지는 숨을 고르며 물었습니다.
"엄마가 돌아가시기 전에 말씀하셨어요. 남에게 좋은 일을 하면 그보다 몇 배 더 좋은 일이 생긴다고요. 그래서 제가 가진 천 원을 불쌍해 보이는 할아버지를 돕는 데 쓰려는 거예요."
소녀의 말을 듣고 난 할아버지는 고개를 끄덕였습니다. 지금이야말로 정말 마지막으로, 누군가에게 좋은 일을 할 기회가 온 것입니다. 할아버지가 손을 내밀며 말했습니다.
"그렇다면 그 돈을 내게 다오……. 그리고 눈을 감고 손을 벌려 보렴."
소녀는 천 원짜리를 할아버지

에게 건네 주고는 할아버지의 말대로 손을 벌린 채 두 눈을 꼭 감았습니다. 그러는 사이에 곰보 할아버지는 주머니에서 자신이 지니고 있던 만 원짜리 지폐 두 장을 꺼내어 소녀의 손바닥에 올려놓았습니다.

"어머나!"

눈을 뜨고 손바닥 위에 놓인 돈을 본 소녀는 깜짝 놀랐습니다. 소녀는 할아버지를 꼭 끌어안으며 말했습니다.

"할아버지, 고맙습니다."

소녀는 환한 미소를 지으며 자기 집이 있는 골목을 향해 폴짝폴짝 뛰어갔습니다.

그 날 밤 야간 순찰을 돌던 경찰관이 공원 벤치 위에 죽어 있는 노인을 발견했습니다. 죽은 그의 얼굴에는 편안하고 아름다운 미소가 남아 있었습니다.

생 / 각 / 주 / 머 / 니

베풀 줄 아는 마음

누구나 부끄럽게 살기를 바라지는 않습니다. 세상에 태어나 이름 석 자를 지니고 살면서 떳떳하고 자랑스럽게 살기를 바랄 것입니다.

그래서 옛말에도 "호랑이는 죽어서 가죽을 남기고, 사람은 죽어서 이름을 남긴다."라고 했지요.

다이너마이트를 발명하여 큰 부자가 된 노벨이 늙었을 때의 이야기입니다.

어느 날 신문을 펼쳐 보던 그는 깜짝 놀랐습니다.

'알프레드 노벨, 세상을 떠나다!'

이런 기사가 크게 실려 있었던 것입니다.

눈을 비비고 다시 보았지만 그건 틀림없는 자신의 이야기였습니다. 그리고 그의 이름 앞에는 '파괴의 발명가', '죽음의 장사꾼' 등 좋지 않은 별명이 따라붙어 있었습니다.

알고 보니 그 기사는 한 신문 기자가 이름이 똑같은 다른 사람의

죽음을 잘못 알고 보도했던 것입니다.

하지만 노벨은 그 때 크게 깨달았습니다.

그리하여 그는 자신의 막대한 재산을 바쳐 '노벨상'이라는 것을 만들었습니다. 그리고 세계의 평화와 행복을 위해 일한 사람들에게 노벨상을 주었습니다. 노벨상은 오늘날 가장 명예로운 상 중의 하나가 되었답니다.

부끄럽지 않은 삶이란 마음 속에 따뜻한 사랑을 품고, 그것을 남에게 베풀 줄 알며, 때로는 더 큰 행복을 위해 자신을 희생할 줄 아는 삶이 아닐까요?

07 마음까지 달콤해지는 사탕

한 사람이 앉기에도 비좁은 구둣방에서 하루 종일 일을 해도, 아저씨의 입에서는 항상 콧노래가 흘러나왔습니다. 그런데 안타깝게도 그의 아내는 몸이 불편한 뇌성 마비 장애인입니다.

    손이 시리지 않아도 매일 호호 입김을 불어 대는 사람이 있습니다. 그건 바로 다정이네 동네의 구두닦이 아저씨입니다. 따뜻한 난로가 있는데도 아저씨는 버릇처럼 호호 입김을 불어 가며 구두를 닦습니다.
    한 사람이 앉기에도 비좁은 구둣방에서 하루 종일 일을 해도, 아저씨의 입에서는 항상 콧노래가 흘러나왔습니다.
    그 아저씨에겐 아내가 있습니다. 그런데 안타깝게도 그의 아내는 몸이 불편한 뇌성 마비 장애인입니다. 몸이 몹시 불편해 보이는 그의 아내는 매일 아저씨와 함께 나와 곁에 앉아 있었고, 아저씨는 일을 하면서도 아내에게 쉼없이 이런저런 이야기를 들려 주곤 했습니다.
    다정이는 아저씨의 이야기를 들으며 즐겁게 웃는 아주머니의 모습이 어쩌면 우는 것 같기도 해서 이상했습니다.
    하지만 아저씨는 그런 아내의 웃는 모습을 보는 것이 무척이나 행복해 보였습니다.
    '휴, 매일 저 시커먼 구두약을 묻히고 앉아 힘들게 일하면서, 뭐가 그리 좋을까?'

다정이는 구둣방 앞을 지나갈 때마다 이렇게 생각하곤 했습니다.

어느 날 다정이는 엄마와 함께 구두를 수선하러 아저씨의 구둣방에 갔습니다. 그 날도 어김없이 아저씨는 아내와 함께 재미난 이야기를 하고 있었는지 환하게 웃고 있었습니다.

"어서 오세요."

넙죽 인사하는 아저씨 앞에 다정이 엄마가 구두를 내밀며 물었습니다.

"아저씨, 지금 바로 고쳐 주실 수 있죠?"

"예, 물론이죠. 잠시만 앉아서 기다리세요."

아주머니는 우는 듯 찡그리는 듯한 얼굴로 다정이를 보며 빙긋이 웃었습니다. 다정이도 조금 웃어 보이긴 했지만, 왠지 어색한 웃음이었습니다.

아주머니는 구둣방 한쪽 구석에 있는 가방 속을 뒤적거려 사탕 하나를 꺼냈습니다. 팔은 아무렇게나 휘어지는 것 같고, 손도 이상하게 비틀린 채로 뻣뻣해서, 동작 하나하나가 참 힘들어 보였습니다. 그녀는 가방 속에서 꺼낸 사탕을 다정이에게 내밀며 먹으라는 시늉을 해 보였습니다.

비닐에 싸인 사탕이었지만 다정이는 왠지 더러울 것 같고 맛도 없을 것 같아 괜히 얼굴이 찡그려졌습니다. 다정이는 어설프게 고맙다는 말을 하고는 사탕을 받아 들었습니다.

하지만 차마 껍질을 까서 먹지는 못하고 슬그머니 호주머니 속에 사탕을 집어 넣었습니다.

아저씨는 열심히 엄마의 구두를 고쳤습니다. 그 사이에 아주머니는 흐르지도 않는 땀을 닦아 주려고 아저씨의 이마를 손수건으로 토

닦거리느라 애를 쓰고 있었습니다. 그 때마다 아저씨도 얼른 자기 얼굴을 가까이 대어 주곤 했습니다.

한 20분쯤 지나자 낡은 구두는 아주 새 것처럼 반짝반짝 빛이 났습니다. 구두를 수선하고 닦는 아저씨, 그리고 옆에서 그것을 지켜보는 아주머니의 얼굴은 내내 싱글벙글이었습니다.

그래서인지 처음엔 그렇지 않던 다정이의 마음도 덩달아 즐거워지는 것만 같았습니다. 마치 새 구두를 얻은 것처럼요.

"얼마예요?"

"네, 오천 원입니다."

엄마가 천 원짜리 네 개와 잔돈을 내자, 아저씨는 잔돈을 그의 아내에게 주었습니다.

그리고 보니 **아주머니 옆에는 커다란 돼지 저금통이 하나 있었습니다. 돈을 받아 든 아주머니는 돈이 떨어지지 않게 꼭 쥐고서 하나하나 저금통에 넣기 시작했습니다.** 하나를 넣는 데에도 적지 않은 시간이 걸렸습니다.

힘들게 돈을 다 넣고 나서 두 부부는 또 함박웃음을 지어 보였습니다. 아저씨랑 아주머니에겐 모든 일이 다 즐겁고 행복해 보였습니다.

며칠이 지난 후 엄마가 신문을 들고서 깜짝 놀란 얼굴로 다정이에게 달려왔습니다.

"얘, 얘. 여기 좀 보렴. 신문에 구둣방 아저씨랑 아주머니 기사가

나왔네."

　엄마가 가리킨 곳을 보니, 바로 그 구둣방 부부의 모습이 찍힌 사진이 실려 있었습니다. 그리고 그 아래에는 두 사람이 해마다 돼지 저금통에 모은 돈을 혼자 사시는 노인들에게 보내 왔다는 기사가 실려 있었습니다.

　"어머나, 세상에. 어쩐지 마음씨가 참 착해 보이더라니……."

　엄마는 한참 동안이나 신문을 들여다보며 감탄했습니다. 어렵고 힘든 생활이지만, 구둣방 아저씨와 아주머니가 그렇게 행복하게 웃을 수 있었던 데에는 바로 이런 이유가 있었던 것입니다.

　그제야 다정이는 서랍 속에 넣어 두었던 사탕을 꺼내어 입 속에 넣었습니다. 그것은 며칠 전 아주머니가 주었던 사탕이었습니다. 달콤한 향기가 입 안 가득 퍼지면서 다정이는 왠지 마음까지 행복해지는 것만 같았습니다.

생 / 각 / 주 / 머 / 니

이웃을 위한 사랑

해마다 연말 연시가 되면 불우 이웃을 돕기 위한 성금을 모으는 것을 볼 수 있습니다.

이 때 따뜻한 손길을 가장 많이 내미는 것이 바로 평범한 서민들이라고 하지요?

내가 어려우니까 남의 어려움도 그만큼 잘 이해할 수 있기 때문일 것입니다.

비록 넉넉하지는 않아도 작은 도움으로나마 따뜻한 마음을 함께 나눠 갖는다면 훨씬 더 행복한 세상이 될 수 있겠지요.

스웨덴에 예프게니라는 공주가 살고 있었어요. 어느 날 예프게니는 마차를 타고 거리를 지나가다 거지 행색을 한 할머니를 보았습니다.

"오오, 너무나 불쌍하구나!"

공주는 궁전으로 돌아오자마자 시녀에게 자기 보석들을 모두 팔라고 했습니다.

"왜 이처럼 귀중한 보석을 팔려고 하세요?"

"불쌍한 사람들을 위해 양로원을 지을 생각이야."

"그거야 임금님께 말씀드리면 알아서 하실 텐데……."

하지만 공주는 자기 고집대로 보석을 모두 팔아서 스톡홀름 시내에 커다랗고 멋진 양로원을 지었습니다. 가난하고 병든 노인들이 양로원에서 편히 지낼 수 있게 되었지요.

공주는 얼굴 가득 미소를 지으며 시녀에게 말했습니다.

"이것 봐, 내 보석들이 더 귀한 보석으로 바뀌었어!"

세상을 행복하게 만드는 가장 귀한 보석은 바로 이처럼 남을 도우려는 마음이 아닐까요?

달걀 도둑

"제가 엄마께 드리려고 샀어요. 달걀 두 개는 어디까지나 제 몫이었으니까요." 그 동안 막내는 매일 달걀 두 개씩을 빼내어 모은 돈으로 어머니를 위하여 고무신 한 켤레를 사서 드린 것입니다.

　아버지께서 서울을 떠나 시골 어느 읍에 있는 작은 중학교에서 교편을 잡고 계실 때의 일입니다.

　비록 부잣집은 아니었지만, 어렸을 적부터 서울에서만 살아 오셨던 어머니는 한적한 시골에서 사는 것이 너무나 답답했습니다. 이런 어머니를 보고 아버지는 집에서 닭을 키워 보는 게 어떻겠느냐고 제안하셨습니다.

　닭을 키우기 시작하면서 어머니는 정말로 예전과 같은 활기를 되찾으셨습니다. 닭이 알을 낳고, 알에서 깨어난 병아리가 다시 닭이 되어 가는 것을 보면서, 어머니의 얼굴에는 화색이 돌기까지 하셨습니다.

　어머니는 우리를 기다리는 시간보다 닭장에 들어가 달걀을 빼 들고 나오는 일에 더 즐거움을 느끼시는 듯했습니다.

　처음에 세 마리였던 닭은 다섯 마리, 열 마리, 스무 마리로까지 늘어 갔습니다. 그 시절에는 계란이 참 귀했지만, 우리는 어느 집 아이들보다 풍족하게 계란 음식을 먹을 수가 있었지요.

　게다가 어머니 대신 닭장 안에 들어가 아직도 따뜻한 기운이 남아 있는 알을 두 손으로 소중히 받쳐 안고 나오는 기쁨을 맛보기도 했습니다.

　어머니는 그렇게 모은 달걀을 들고 시장에 나가 팔기도 하셨고, 그 돈으로 우리의 옷과 책가방, 학용품 등을 사는 데 보태셨습니다.

　어느 날, 어머니는 우리 삼 형제를 모아 놓고 말씀하셨습니다.

　"애들아, 얼마 안 있으면 형이 고등 학교를 졸업하게 되겠구나. 우리 모두 그 때까진 계란을 먹지 말자꾸나."

　어머니는 내 졸업식날에 좋은 옷 한 벌을 해 주시기 위해서 우리 삼 형제에게 계란을 먹지 말자고 하신 것이었습니다. 졸업식은 한 달쯤 남아 있었고, 졸업식에서 나는 전교생 대표로 우등상을 받기로 되어 있었습니다.

　"형은 좋은 옷이 없잖니. 그렇게 기쁜 날, 형에게 낡은 옷을 입게 할 수는 없잖아?"

　어머니는 웃으며 동생들에게 말씀하셨지만, 두 동생은 너무나 서운해했습니다. 시무룩해진 동생들의 얼굴을 보니 나는 마음이 아프고 또 미안했습니다.

　어머니는 교단에 올라가 전교생 대표로 상을 받을 내 모습을 생각

하면 벌써부터 눈물이 날 것처럼 기쁘다고 말씀하셨습니다.

그렇게 며칠이 지난 어느 날 어머니께서 근심스러운 얼굴로 나를 부르셨습니다.

"요즘 달걀이 매일 두 개씩 없어지는구나."

스무 마리의 닭 중에서 알을 낳는 닭은 열다섯 마리인데, 달걀은 매일 열세 개씩밖에 모이지 않는다는 것이었습니다. 처음 하루 이틀은 대수롭지 않게 넘어갔지만, 일 주일 내내 그럴 수는 없는 일이었습니다.

"정말 알 수 없는 일이다. 나는 너희들이 학교에 가고 나면 낮 동안 내내 닭장 근처를 왔다갔다 하거든."

게다가 닭장은 마당 한귀퉁이에 있었고, 대문에서도 한참이나 안쪽으로 들어와야 합니다. 그렇기 때문에 쉽게 도둑맞을 염려가 없었지요.

"설사 도둑이 들었다 해도, 왜 하필 두 개만 들고 갔을까?"

아버지는 밤마다 대문을 꼭꼭 걸어 잠그고, 대문 근처에 개를 묶어 두기까지 했습니다. 하지만 다음 날이면 영락없이 또 계란 두 개가 모자랐습니다.

그러는 동안에 졸업식날이 다가왔고, 어머니는 약속대로 그 전날 읍내에 나가서 내 옷을 사 가지고 오셨습니다.

남방과 재킷을 사 들고 오신 어머니는 내게 새 옷을 주시며 말씀하셨습니다.

"바지는 입던 것을 그냥 입어야겠구나. 달걀이 없어지지만 않았

더라도 바지까지 살 수 있었을 텐데……."
어머니는 새 옷을 내놓으면서도 아쉬운 표정이었습니다.
마침내 졸업식날이 되어 나는 새 옷을 입었습니다. 그리고 어머니는 장롱 깊숙이 간직해 두었던 한복을 꺼내 입으셨습니다.
모두들 준비를 마치고 학교로 가기 위해 마당에 나와 있는데, 웬일인지 막내가 방 안에서 늑장을 부리는 것이었습니다. 그 때문에 가족들은 한참이나 마당에 서서 막내가 나오기를 기다려야 했습니다.
"이 녀석아, 어서 나오지 않고 뭐 하는 게야?"
아버지께서 몇 번이나 다그친 다음에야 막내는 슬그머니 방문을 열고 나왔습니다. 그러고는 **마당으로 내려와 뒤춤에 감추고 있던 무엇인가를 어머니께 내미는 것이었습니다. 그건 바로 하얀 고무신 한 켤레였습니다.**
막내가 수줍은 듯한 목소리로 말했습니다.
"제가 엄마께 드리려고 샀어요. 하지만 너무 야단치지는 마세요. 달걀 두 개는 어디까지나 제 몫이었으니까요."
그 동안 막내는 매일 달걀 두 개씩을 빼내어 모은 돈으로 어머니를 위하여 고무신 한 켤레를 사서 드린 것입니다.
그제야 나는 어머니의 한복 치마 밑으로 코를 삐죽

내밀고 있는 낡은 고무신을 바라보았습니다. 얼마나 오래 신었던 것인지 색이 바래고 낡아 흰색으로 보이지도 않는 낡은 고무신을…….

나는 너무나 부끄러웠습니다.

생 / 각 / 주 / 머 / 니

어머니의 사랑

1865년 겨울, 미국에서 있었던 일입니다.
한 여인이 갓난아기를 안고서 험한 산길을 걸어가고 있었습니다. 그런데 갑자기 먹구름이 밀려오더니 매서운 눈보라가 치기 시작했습니다.

길을 잃은 여인은 추위에 떨다 그만 아기를 안고 숨을 거두고 말았습니다.

얼마 후 눈보라가 그치고, 마을 사람들은 눈에 덮인 채 싸늘하게 죽어 있는 여인을 발견했습니다.

그런데 이상하게도 그 여인은 거의 속옷 차림이었습니다. 그녀는 자기의 겉옷을 벗어 아기의 몸을 돌돌 감쌌던 것입니다.

사람들이 아기를 감싸고 있던 겉옷을 벗겼을 때, 놀랍게도 아기는 살아 있었습니다.

이 아기가 바로 훗날 영국의 수상이 된 데이비드 로이드 조지였습니다.

어머니는 이처럼 자식을 위해 모든 것을 희생하시는 분입니다. 그야말로 '아낌 없이 주는 나무'인 셈이지요.

그러면서도 어머니는 우리에게 아무것도 요구하지 않으십니다.

그저 우리가 바르고 건강하게 자라나서, 훗날 이 세상에 꼭 필요한 사람이 되기를 바라실 뿐입니다.

오늘 그런 어머니를 위해 작은 선물을 해 드리는 건 어떨까요?

설거지를 도와 드린다든지, 노래를 한 곡 불러 드린다든지, 아니면 그냥 웃는 얼굴로 살짝 뽀뽀만 해 드려도 어머니는 모든 시름을 잊고 얼굴을 활짝 펴며 무척 행복해하실 거예요.

희 / 생 / 실 / 천

희생은 다른 사람을 위해서 자신의 재산, 명예, 심지어 목숨까지도 바칠 수 있는 마음을 말해요. 다른 사람을 배려하는 마음 중에서 가장 실천하기 어렵고 위대한 것이 희생이에요. 우리 주변에는 다른 사람들을 위해 희생하는 훌륭한 사람들이 많이 있어요. 그들처럼 처음부터 큰 희생을 실천하기는 어렵지만 다른 사람을 위해 봉사하는 마음을 키워 나간다면 언젠가는 아름다운 희생의 마음을 갖게 될 거예요.

① 대가를 바라지 않아요

희생의 가장 중요한 마음가짐은 대가를 바라지 않는 거예요. 대가를 바라고 하는 희생은 나를 위한 것이지 다른 사람을 위하는 것이 아니에요. 희생의 대가는 나로 인해 행복한 웃음을 짓는 사람들의 모습을 보는 것으로 충분하답니다.

② 다른 사람에게 강요해서는 안 돼요

희생을 실천하는 것은 쉽지 않은 일이에요. 누군가의 희생이 필요한 상황이라면 내가 먼저 희생하겠다는 마음을 가져야 해요.

누군가 희생해 주었으면 하고 바라는 것은 이기적인 마음이에요.

③ 사회 봉사 활동을 해 봐요

봉사는 희생을 실천하는 첫걸음이에요. 여러분도 마음만 먹으면 지금 당장 봉사 활동을 할 수 있어요. 길을 모르는 할머니를 위해 시간을 내어 안내해 드리는 일, 몸이 불편한 친구를 위해 가방을 들어주는 일처럼 주위를 둘러보면 우리가 할 수 있는 봉사 활동이 얼마든지 있답니다.

④ 다른 사람의 희생에 존경심을 가져요

우리 주변에는 희생을 실천하는 훌륭한 사람들이 많이 있어요. 그분들에게 존경하는 마음을 갖고 희생 정신을 배우도록 노력해 보세요. 희생의 마음은 가까운 곳에서도 찾을 수 있어요.

언제나 우리를 위해 아낌없이 사랑을 베풀어 주시는 부모님의 희생이야말로 가장 위대한 것이랍니다.

사랑

2017년 2월 10일 2판 1쇄 발행
2023년 8월 2일 2판 13쇄 발행

지은이 | 신정민
그린이 | 김경희
발행인 | 김경석
펴낸곳 | 아이앤북
편집자 | 우안숙
디자인 | 김희영 장지윤
마케팅 | 남상희
주 소 | 서울시 성동구 천호대로 424(용답동)
연락처 | 02-2248-1555
팩 스 | 02-2243-3433
등 록 | 제4-449호

ISBN 979-11-5792-087-7 74370
ISBN 979-11-5792-097-6 (세트)

이 책에 실린 모든 내용, 디자인, 이미지, 편집 구성의 저작권은 아이앤북과 지은이에게 있습니다.
http://blog.naver.com/iandbook 아이앤북은 '나와 책' '아이와 책'이라는 뜻을 가지고 있습니다.

이 도서의 국립중앙도서관 출판시도서목록(CIP)은 e-CIP 홈페이지 (http://www.nl.go.kr/ecip)
에서 이용하실 수 있습니다. (CIP 제어번호: CIP2016028688)